# Neurose obsessiva

# Neurose obsessiva

Rubia Delorenzo

c coleção
c clínica
p psicanalítica

Artesã

Neurose Obsessiva

Copyright © 2022 Artesã Editora

1ª Edição – 1ª Reimpressão 2025

É proibida a duplicação ou reprodução deste volume, no todo ou em parte, sob quaisquer formas ou por quaisquer meios (eletrônico, mecânico, gravação, fotocópia, distribuição na Web e outros), sem permissão expressa da Editora.

**DIRETOR**
Alcebino Santana

**DIREÇÃO DE ARTE**
Tiago Rabello

**REVISÃO**
Diego Franco Gonçalves

**CAPA**
Artesã Editora

**DIAGRAMAÇÃO**
Isabela Brandão

---

D362  Delorenzo, Rubia.
        Neurose obsessiva / Rubia Delorenzo. – 5. ed. – Belo Horizonte : Artesã, 2022.
          168 p. ; 21 cm. – (Clínica psicanalítica)
        ISBN: 978-65-86140-93-4

        1. Neurose obsessivo-compulsiva. 2. Psicanálise. 3. Psicologia clínica. I. Título.

                                            CDU 616.89

---

Catalogação: Aline M. Sima CRB-6/2645

**IMPRESSO NO BRASIL**
*Printed in Brazil*

📞 (31)2511-2040     (31)99403-2227
🌐 www.artesaeditora.com.br
📍 Rua Rio Pomba 455, Carlos Prates - Cep: 30720-290 | Belo Horizonte - MG
/artesaeditora

*A meu pai.*
*Certa vez, em meio a grande dor,*
*disse-me: "Continue, minha filha."*
*Assim, convidou-me a prosseguir*
*e inscreveu-me na filiação.*

**Agradecimentos** 9

**Prefácio: O romance da neurose obsessiva** 11

**1 Do encarceramento do trágico: um percurso dessubjetivante** 23

   A loucura e o mal 25

   Da desrazão à enfermidade 28

   A ruptura freudiana: do irracional ao sentido 31

   O sexual como pulsão 37

   Freud e a culpa inexpiável 42

   Psicopatologia e cultura: da neurose ao transtorno 47

**2 Das paixões dos começos: ódio e narcisismo. Haverá paixão que não seja a dos começos?** 55

   Amor e ódio no jogo de espelhos 57

   Na arquitetura de resistência, a que é que se resiste? 61

   Nas frestas da muralha: a morte 67

**3 Da fluidez da imagem à constância da forma** 73

   Demanda materna e sacrifício de si 75

   O avesso e o direito: da rendição à tirania 84

**4 Da clínica: duas observações** 95

Sobre a morte na figura da mulher: objeto inanimado, presença demoníaca 98

A muralha e a possessão: figurações do mortífero em um obsessivo 107

  A muralha: o campo da observação 109

  A possessão: o campo da transferência 115

**5 Do santuário ao sacrilégio: da mãe que se tem à sedutora perversa** 125

Na vigência do ódio: uma busca do interdito 128

Da devoção à devoração: o impensável em Freud? 133

Das provas de amor aos votos de morte: uma inquietação persistente 137

Ainda sobre o ódio: do apelo de ignorar ao desejo de conhecer 144

**Referências** 157

## Agradecimentos

*A Flávio Carvalho Ferraz, pelo cuidado com que recebeu meus escritos. Sou-lhe grata pela confiança.*

*A Maria Laurinda Ribeiro de Souza, pela amizade, por ter-me hospedado em seu coração.*

*A Cleide Monteiro e Mania Deweik, pela presença constante nos bastidores desta elaboração.*

*A todos os amigos, que me emprestaram textos, sugeriram livros e acalmaram-me, depois, porque, afinal, o conhecimento não se esgota.*

*A meus pacientes e supervisionandos, por suas histórias, matéria essencial destas reflexões.*

*A Rita e Olivia, amores de sempre.*

*A Aragão, pela vocação de conviver.*

# Prefácio:
# O romance da neurose obsessiva[1]

O extraordinário estilo da escritora e psicanalista Rubia Delorenzo compõe o seu livro em um gênero insólito na literatura psicanalítica: o romance da neurose obsessiva. Explico-me. Se à maneira freudiana podemos pensar a histeria e suas preocupações acerca do amor como mais ligada à forma romance, a neurose obsessiva e suas cavilações reflexivas em torno do ódio e da morte se assemelharia à forma do tratado religioso ou do gênero de suspense. Mas é uma mulher a inventar o romance da neurose obsessiva conferindo a ele uma grande riqueza, já que sua forma mesma tenta quebrar com a ordem esterilizante e antierótica do mundo obsessivo buscando constantes metaforizações ao deslocamento incessante que a viagem labiríntica do obsessivo traz. Se o menino-na-menina da mulher pode encontrar ecos e ressonâncias na travessia

---

1 Publicado originalmente como resenha na revista *Percurso* (ano XXI, n° 41, p. 121-125, dezembro de 2008).

do obsessivo, é como mulher que a autora consegue a distância necessária para observar sem se deixar tragar, para entender sem aprisionar. Mulher "heteros" a acompanhar a tessitura do mapeamento de uma ordem homogeneizante e reasseguradora que mata toda brecha que denuncie alteridade. É assim que deixa entrever uma leitura minuciosa dos principais autores que trabalharam sobre o tema, mas que é digerida e transformada em matéria que segue o curso do seu próprio veio reflexivo. Nada de simples ordenações didáticas e explicativas, mas de tornar o pensamento dos autores alimento combustível de sua própria narrativa apaixonada e apaixonante, não naquilo que a paixão tem de alienante, mas naquilo que ela tem do compromisso que o ser faz com o seu semelhante a partir de suas próprias vísceras. É ela mesma quem nos fala do solo em que brota a sua paixão pela escrita. "É pela experiência do excesso ou pela vivência do nada que escrevemos. Quando nos encontramos no deserto, ou quando queimamos no inferno, quando já não podemos pensar, quando já não podemos dizer". Mas a escrita analítica tem ainda uma função de transmissão desordenada e não linear. Ela busca se aproximar daquilo que os efeitos da experiência da análise desalojam e modificam o analista. Os escritos "surgem das infiltrações da transferência, como testemunho e desejo de partilha do anseio de encontrar alguma possibilidade dentro do impossível da tarefa – sempre inconclusa- de psicanalisar". A impossível tarefa sendo a capacidade do analista de metaforizar o não verbal. "Escrevemos, talvez, na tentativa de transformar: dar figura ao desfigurado, soprar o inerte, agitá-lo, dar solo ao nômade". É neste veio literário, entremeado de citações dos casos clínicos de seu inspirador, Serge Leclaire, que a admirável e fluente escrita clínica de Rubia Delorenzo brota na exposição de duas observações clínicas, cujos títulos já dizem tanto da poesia implacável com que enfrenta o perturbador da neurose obsessiva: "Sobre a morte na figura da mulher: objeto inanimado, presença demoníaca" e "A muralha e a possessão: figurações do mortífero em um obsessivo".

Pois não é do visceral de que se trata na neurose obsessiva? Deste momento infantil em que a endopercepção das vísceras anais como a fábrica produtora do primeiro objeto destacável de si, o cocô, este volume que a partir de então se torna o prazeroso e angustiante veículo das operações físicas, sensoriais, afetivas e mentais da retenção e da expulsão?

Ora, junto com este volume visceral, Rubia faz surgir o personagem principal de seu romance: "a figura imponente, dilatada, que é o eu grandioso, onipotente, dominador, que se avoluma na fase anal" cuja saga se propõe a acompanhar de diversos ângulos. Mas é o circuito da agressividade a teia que lhe vem dar esta particular fisionomia. Seguindo suas pegadas, o eu, "pressentindo-se desguarnecido, agarra-se à posição de domínio, à tendência a se tornar senhor do outro, conquistada por identificação", eu sádico que humilha aquele do qual desconhece os desejos e pedidos. Este circuito da agressividade é montado sobre dois pilares: as condições do narcisismo e a dimensão do intercâmbio, da substituição e da reversibilidade que o sadomasoquismo - enquanto certa gramática ou determinado argumento inconsciente - traz de transformação da pura destrutividade. É o que permite entender que na neurose obsessiva a posição média, reflexa, autopunitiva só ocorre por identificação. Assim, o "eu me torturo" de culpa, de punição, de ódio a si mesmo, deve ser entendido como "eu torturo em mim o objeto que aí coloquei", prenúncio do tema do superego, de que o eu é também um outro. Pelo atalho do auto-castigo, "o sujeito obsessivo cultiva seu ódio vingativo sobre seus objetos de amor". A estrutura agressiva funciona para negar a dívida para com o outro, a dependência do eu, a alteridade que o constitui. "É justamente nas trincheiras da defesa egoica – onde operam os mecanismos de inversão, anulação, isolamento – que o obsessivo sustenta sua negação e sua tenaz resistência", pelo medo da morte e do destroçamento do corpo. É vivendo esta tensão de domínio que o eu exige, recusa, ordena e subjuga. O eu obsessivo contorna os fragmentos, os elementos disjuntos, buscando sempre a síntese. Quando busca se ressituar, se recompor, escapando da sensação de estar perdido e desamparado é que ele tende para a estabilidade do inorgânico, através de seus mecanismos de defesa. A paixão conformista o arrasta para uma vida morta, sem riscos. Há um silêncio dos afetos. A pergunta aterrorizada do obsessivo é: "Estou vivo ou morto? Pois em sua paixão pela forma, pelo mundo organizado pelo tratamento dado ao tempo, pelo qual sonha em perdurar e se manter intacto", longe da castração, não é difícil perceber a rigidez cadavérica dos processos de identificação animados por um perpétuo jogo de espelhos. Ele vive por procuração, ausente do campo do desejo e é a imagem e não ele que o substitui na dialética do desejo.

 A autora nos diz que é o ângulo da articulação da analidade com o complexo narcisista que traz os fundamentos metapsicológicos da neurose obsessiva. Se o ódio e o narcisismo são analisados em Freud no segundo capítulo,

O terceiro capítulo aprofunda a análise da relação entre complexo narcísico e a analidade sob o realce da demanda materna e do sacrifício de si. Essa relação é, na neurose obsessiva, uma estrutura de subjetividade. "A analidade reformula o campo da demanda em relação à oralidade" e é o tempo de consolidação do eu e da descoberta do não. Há a presença de dois lugares intercambiáveis e o esboço do registro do simbólico no sujeito, "nesta particular conjunção que vem ligar o objeto anal e seu valor à dimensão da palavra e ao símbolo da negação". O eu trabalha expandindo-se e amplificando a imagem especular, materializando-se – na analidade – a aspiração agressiva do narcisismo. É assim que a autora desdobra a instância do ego ideal: "A criança no espelho mata, no imaginário, o rival invejado em seus atributos. Instala-se em seu lugar e, perpetuando o desaparecimento do objeto da identificação, ela o substitui por um eu tão monumental como o era a mãe diante dos olhos fascinados da criança". Entre o sacrifício dos excrementos pela demanda materna, que a criança perde e vê partir, e a fantasia de controle sobre os excrementos do poderoso efeito de criar e destruir, constitui-se a primeira e mais preciosa dádiva da vida da criança e toda a dialética do ser de valor. Dialética ambígua da dádiva anal, pois a mãe pede com fervor o que logo sumirá da vista da criança.

"A entrada do excremento no processo de subjetivação pela via dos ambíguos pedidos maternos, produzirá consequências para a organização subjetiva: a mãe, que deveria ser a primeira proteção contra a angústia, será, no entanto, na estrutura obsessiva, sua causa mais poderosa". A criança entra num regime de trocas que vem significar a necessidade como presente à mãe. A experiência sexual precoce do obsessivo é feita da necessidade de desdobrar-se para servir, atender e agradar a mãe. E, assim, a demanda do Outro prevalece sobre o próprio desejo. No âmbito da relação anal, o outro ocupa o lugar de domínio pleno. O obsessivo desaparece do mundo com o presente que cede ao outro. "Objeto ego, objeto não-ego, objeto valioso, dejeto a expulsar, disposição narcisista ou sacrifício de amor? Ser ou não ser, merda ou maravilha, essa é a questão com a qual se ocupa, a hesitação que o consome, na hiância sempre aberta pela angústia de existir".

Mas é no último capítulo que a mãe do obsessivo vem ocupar a cena (ou seria roubar a cena?). Aqui, Rubia Delorenzo faz a crítica, no sentido de exame para balanço, da posição de Freud em relação à preservação que ele sempre fez da relação entre o obsessivo e sua mãe. A neurose obsessiva é baseada no recalque do ódio, que aparece em diferentes concepções na obra de Freud. A rivalidade com o pai, que é ao mesmo tempo modelo e obstáculo de satisfação de desejo, forma o campo da base edípica de hostilidade ao pai, o veio principal que percorre desde as origens até os últimos escritos de Freud. O mito do pai primevo em "Totem e tabu" aponta para a positividade do ódio que leva ao assassinato e a possibilidade de uma herança simbólica. Mas "a revolta dos filhos contra as mães, permaneceu para Freud terra incógnita". Para a autora, Freud furtou-se à ideia de que uma mãe abrigasse hostilidades com relação ao filho. A evolução do tempo da infância se apresenta sempre nostálgica de um tempo de bem-aventurança, de um gozo extraordinário e perfeito. Freud "resistiu a um exame mais persistente do excesso de mãe e, menos ainda, dedicou-se a analisar seu ódio". Ela diz mais: parece suspeita a afirmação freudiana sobre a relação mais-que-perfeita da mãe com seu filho homem. Essa é quase sempre a fantasia do obsessivo, reconhecendo-se intimamente como o favorito dos deuses. Esse sinal do destino pode, no entanto, encaminhá-lo tanto para sua fortuna quanto para sua miséria. "Conhecemos os exageros do amor e seu alcance. O amor materno, sabe-se de longa data, poderá ser tão destrutivo quanto é cruel o da criança, em sua desmedida exigência".

Inspirando-se em Fédida, ela se pergunta se não será do campo do materno que emana o excesso de excitação, o excesso de solicitação que faz intervir uma intolerável invasão. É daí que viria o padecimento obsessivo expresso no sentimento de intrusão, no temor de exposição ao contágio, no risco de transmissão pelo toque, na exigência de uma "distância radical exigida pela crença na capacidade onipotente de invadir, tocar e destruir pelos pensamentos". O que está em jogo aqui é a mãe demais, cujo desejo de morte inconsciente fabrica tanto a idealização do filho como perfeito quanto a superproteção como modelo de mãe. O drama da idealização é que ela está perigosamente unida à decepção que favorece a presença do ódio. Se a mãe não tolera o seu ódio para dar realidade à criança, "só lhe resta o caminho do masoquismo". Estamos aí no campo dos "efeitos tremendos do narcisismo". Se a mãe do obsessivo não abandona "a representação de um filho perfeito, imaginário, identificado a uma sombra do passado que ele teria a missão de encarnar, se ela se dirige a um criança que não é real para alimentar-se desse sonho, sem dúvida sua criança não será odiada. Mas será uma imagem que vive no sonho da mãe, não é a criança de carne e osso, nunca reconhecida".

A autora nos diz que é a sedução materna que dará a especificidade à problemática obsessiva. "Precoce, maciça, polimorfa na perversão, a sedução erótica efetiva está ausente da problemática obsessiva". Pois a severidade é a marca da mãe que exprime a transformação deste recalcado do laço íntimo e precoce erótico. "Uma distância afetiva, técnica, selada pelo rigor e dever, aparece como o avesso do impacto dos cuidados – dos olhares, dos toques – dos quais o obsessivo conservou a intensa impressão." Habitado pelo intenso erotismo do vínculo de fusão-devoração, esse recalcado retorna deformado no "tom depressivo, desvitalizado, insatisfeito que se apreende no agir metódico e criterioso da mãe". Ser moral, digna e reservada, mãe sem fantasias ou ímpetos libidinosos, é a mãe de quem se herda o modelo da infâmia do desejo. O obsessivo não pode ignorar o objeto de paixão indestrutível que é a mãe assim como seu poder excepcional a quem serviu. Essa mãe extrai sua melancolia "dessa renúncia que não quer fazer: aceitar-se perdida para o filho". Posição paradoxal da mãe, oscilante entre a distância e a possessão ela denuncia a força do erotismo das origens e seu aprisionamento. A autora se pergunta se não é isso o que interdita qualquer ligação verdadeiramente amorosa ao obsessivo, aquilo que lhe reserva o destino no amor de que o encanto se desvaneça e que seu desejo se apague.

Mas é o fantasma masoquista que mora no centro do seu ser que é a paixão do obsessivo. A nascente deste ódio primordial de si, que é também a origem do supereu, está no matricídio, pensamento que Rubia resgata de Conrad Stein, na interpretação que este faz da lenda de Édipo e Jocasta como um matricídio censurado. O verdadeiro crime de Édipo foi o "desejo de conhecer seu destino, sem complacência, contrariando os apelos de Jocasta, apelos para ignorar". Há portanto, para a autora, um deslocamento da questão do supereu no entendimento da neurose obsessiva. É na figura da mãe dos primórdios, mais que do pai edípico, que ele se apoia. O ódio se origina de uma perda, de uma ruptura, de uma desobediência, de uma distância com a mãe. "Ele surge pelo desvio do fascínio incestuoso, no movimento de separação que torna possível criar o mundo do sonho e da fantasia, criar pensamento e linguagem". No entanto, é o mesmo ódio que restitui o sujeito à unidade perdida. Quando se perdeu o paraíso do dois em um, se instaurou o laço de ódio, sentido primeiro do que Freud nos diz de que o ódio nasce com o objeto. "Ódio cujo destino será, em parte, o do recalque, porque se gera no caldo do desamparo e da servidão". E a autora se encaminha para a conclusão de seu belo livro perguntando se haveria algo mais devastador e insistente na neurose do que esse discurso primitivo, imperativo e arbitrário que está na origem da formação do que chamamos de supereu.

Mas é na separação dos começos que está o início para o sujeito obsessivo das devastações de seu autoerotismo produzidas através da cativação pela mãe e na mãe do obsessivo, a ruptura de seu autoerotismo na violência do parto que a deixaria num abandono sem luz, sobretudo se falta à mãe a palavra que a reconheceria inscrita na rede simbólica da filiação, ou ainda, "se lhe falta o amparo que lhe permitiria apropriar-se de um lugar materno engendrado na narrativa familiar", mãe assumida pelo mito, embalada nas palavras da tradição.

Mas será na grande boca dos obsessivos - suplicante, exigente, disfarçada ou abertamente voraz, mas sempre demandante que a análise deverá insistir. Desejo de fusão-devoração e de apropriação da mãe atormentada que comprime e se apodera. "Desejo de tornar seu o excesso que o expropria de si mesmo, deixando-se devorar por ele". Se o seu segredo inconfessável permanece na cumplicidade de uma relação vampírica de uma satisfação oral arcaica, é aí que a análise deve incidir, numa dolorosa travessia, que ignora os apelos maternos para o desconhecimento e encontra o ódio em estado puro à espreita.

Para desalojá-lo, pulverizá-lo, direcioná-lo para fora, para o mundo e suas lutas, perguntaria eu à autora, querendo continuar um pouco mais seu romance. Porque se não houver esperança de saída da captura pelo ódio através da promessa de um amor de outra ordem, um amor ateu, sem sacrifícios, ficamos todos, analistas, pacientes, saber psicanalítico presos ao livro de mistério, suspense e assassinato da neurose obsessiva, armadilha narcísica sinistra e labiríntica que mata o romance como vivência e como gênero, porque deixa o amor sem saída. Rubia já havia evocado o alerta de Leclaire: cuidado com o eu. Para sustentar uma fala viva é preciso vigiar o imaginário e o narcisismo. Esse é o perigo: ceder aos encantos da coerência, do saber estéril que ignora o desconhecido. É preciso fazer saber ao obsessivo que é só com o naufrágio do seu monumento que poderá falar verdadeiramente. A verdadeira língua, a do desejo, ainda que no caso do analista, isto implique em chegar primeiro no fantástico e extraordinário da presença do horror representada pela figura da morte. A esperança de saída da obsessão é figurada duplamente: por uma mãe que aceite perder seu filho para outro amor e que aceite se transformar no sopro espiritual que o anime em sua vida de desejo e pela esperança de um amor por uma mulher transfigurada que o ame de volta às paixões dos inícios fazendo-o renascer de posse integral de seu corpo e de seu autoerotismo na paz de um espírito não mais atormentado, que aceita a companhia de um outro radicalmente diferente sem dominá-lo, subjugá-lo ou torturá-lo, na abertura criativa de uma vida sempre nova porque sempre presente.

*Renata Udler Cromberg*

# 1
# Do encarceramento do trágico: um percurso dessubjetivante

"Descobriram-me um transtorno bipolar. Convém que eu equilibre minhas taxas de lítio, para que não venha a alcoolizar-me, drogar-me, provocar um acidente de trânsito, matar alguém, por fim, matar-me".

(Dizeres de um paciente aliviado por abandonar sua posição de sujeito – conflitiva, inquietante – para transformar-se num corpo neuronal)

Manter a loucura dessubjetivada, transformá-la em objeto de estudos do conhecimento científico para melhor apreender sua natureza anômala, era a meta da tradição psiquiátrica com a qual Freud se defrontou em fins do século XIX[2].

A loucura, antes peregrina, depois encarcerada, foi retirada enfim do submundo que por séculos a abrigou, ganhando, então, novo estatuto como patologia, enfermidade, objeto da ação médica e do interesse do pesquisador.

Foi longo o caminho que levou o pensamento racional à análise da loucura como doença mental. E progressiva também foi a dissipação de suas imagens trágicas até seu quase absoluto ocultamento. Abafou-se seu elemento obscuro, seu desatino, sua desordem sombria, seu acesso à verdade, com as concepções científicas, filosóficas, médicas e morais, expressões de uma consciência crítica da loucura que o século XVII veio a inaugurar (Foucault, 1961).

Quase dois séculos antes de ser dominada, em meados do século XVII, sua presença, sua face inquietante, assombrou a imaginação do homem ocidental. Nesse tempo, por um lado a loucura se assimila à morte. É o fantasma que vem substituir a lepra nos medos seculares. É ameaça, perigo, infecção.

"A cabeça que virará crânio já está vazia. A loucura é o já-está-aí da morte", dirá Foucault (1961, p. 16). E, nesse sentido, a experiência da loucura é uma continuação rigorosa

---

2   Tomamos aqui como referência certos enunciados de *A história da loucura na idade clássica* (1961), obra na qual M. Foucault discute a problemática da loucura no ocidente, do renascimento à modernidade, momento histórico da constituição do saber psiquiátrico. Na perspectiva foucaultiana, nem sempre a loucura teria sido alienação mental. Sua identidade de doença produziu-se a partir de uma grande transformação que atingiu seu ápice na modernidade, sendo seu estatuto de enfermidade, fabricação cultural.

da lepra. "O ritual de exclusão do leproso mostrava que ele era, vivo, a própria presença da morte" (p. 16, nota 53).

Mas esta grande ameaça que atormentava o homem medieval, simbolizada na silhueta da "Nau dos Loucos" e no destino nômade dos insensatos, enfraquece-se. Os perigosos poderes que emanavam de sua figura se atenuam. E na Idade Clássica a loucura será reduzida ao silêncio.

Nesta passagem, perde-se a loucura como experiência dilacerante, perde-se sua realidade dramática. Vêmo-la confinada, contida, solidamente enclausurada. Se antes se associava também ao destino secreto do homem, ao seu desamparo profundo, agora é posta ao lado de todas as formas de erro.

Sobre esta lenta passagem para o que remarca e demarca os limites do território da loucura, cito, novamente, Foucault:

> De um lado, haverá uma Nau dos Loucos cheia de rostos furiosos que aos poucos mergulha na noite do mundo, entre paisagens que falam da estranha alquimia dos saberes, das surdas ameaças da bestialidade e do fim dos tempos. Do outro lado, haverá uma Nau dos Loucos que constitui, para os prudentes, a Odisséia exemplar e didática dos defeitos humanos. (p. 27)

Da barca errante ao hospital, do embarque à internação: eis os elos desta travessia em que a loucura é segregada.

## A loucura e o mal

A partir do século XVII, na esteira da tradição da filosofia inaugurada por Descartes, a problemática da loucura será pensada com os referenciais da verdade articulados à razão. As relações entre a subjetividade e a verdade só serão possíveis no domínio da racionalidade.

A loucura e suas produções doravante serão concebidas, dentro das noções do erro, como desvarios da razão. Não há sentido na experiência da loucura, tampouco há sujeito na alienação.

O destino dos insensatos será agora a reclusão, o banimento na grande internação. E será aí, entre os muros da imensa estrutura do Hospital Geral, entre miseráveis, ociosos e condenados, que, um século e meio depois, Pinel e a psiquiatria do século XIX encontrarão seus loucos, esses seres "fora de si".

No princípio, a internação não teve razões médicas nem terapêuticas; antes envolveu um controle da ociosidade e a intenção de suprimir a mendicância, constituindo-se numa das respostas dadas pela era clássica à crise econômica que afetou toda Europa dos séculos XVII e XVIII.

Ao longo desse período uma nova sensibilidade social modificou a representação medieval da loucura. A figura sagrada do louco perdeu sua anterior aura mística, dessacralizou-se, e o louco passou a ser visto dentro de uma concepção moral. Foi ela que orientou toda a prática da internação.

Num tempo em que se reconhecia no trabalho uma significação ética que deveria combater a miséria, o ócio e a preguiça, os loucos foram percebidos, no horizonte de sua incapacidade para o trabalho e em sua dificuldade para acompanhar os ritmos da vida coletiva, como fonte de desordem no espaço social. Seres da indisciplina e da violação dos costumes, eram entregues à instituição moral do Hospital Geral, para aí, através das regras do trabalho obrigatório, serem corrigidos em sua falha moral. Nem objeto de conhecimento, nem tampouco de consideração: o louco seria tratado, na era clássica, como sujeito moral.

A internação reunia todo um conjunto de comportamentos condenados moralmente. Certas formas de pensamento libertino, assim como certas formas de sexualidade, seriam alinhadas agora com o delírio e a loucura. Paulatinamente, juntou-se ao grupo dos internos o dissipador, o homossexual, o devasso, o doente venéreo, além dos que praticavam todas as profanações. A feiticeira, o alquimista, suas práticas e rituais, tudo isso foi concebido e punido como falta moral.

E ao aproximar todo tipo de experiências censuráveis, articulando-as à mesma noção de falta e transgressão, e ao abrigá-las sob o terreno comum do insano, o classicismo lançou um elo entre a *culpabilidade* e a *loucura*.

A loucura começa a acercar-se do pecado e, a partir daí, estará, com efeito, em estreita relação com a problemática do mal.

Nos séculos XVIII e XIX, a posição central e o impacto decisivo da noção de culpabilidade nos saberes e nas práticas curativas do Ocidente (práticas de purificação, como sangrias, purgações, banhos, castigos corporais e mortificações), vieram a estreitar ainda mais o reconhecido parentesco entre a medicina e a moral.

"A percepção médica é de longe comandada por essa intuição ética", nos dirá Foucault (1961), a propósito da terapêutica dispensada ao doente venéreo dentro do Hospital Geral, esse verdadeiro empreendimento da repressão a serviço da reforma moral.

Se é preciso cuidar do corpo para eliminar o contágio, convém castigar a carne, pois é ela que nos liga ao pecado; e não apenas castigá-la, mas pô-la à prova e mortificá-la, não recear deixar nela vestígios dolorosos [...] O tratamento dos doentes venéreos é desse tipo: trata-se de remédio ao mesmo tempo contra a doença e contra a saúde - em favor do corpo, mas à custa da carne. (p. 86)

E quando a medicina, no final do século XVIII, apropriou-se do campo da loucura, conservou a marca indelével dessa condenação: não questionou o enraizamento da loucura no mundo moral, nem tampouco dissolveu a relação forjada entre a loucura e o mal.

## Da desrazão à enfermidade

Até esse momento, a ordem médica esteve ausente da internação. A rigor, nem se justificava sua presença. Diante da natureza animal da loucura, não havia como tratá-la. Tratava-se apenas de domesticá-la.

Foi só em fins do século XVIII, então, que o espírito crítico do Iluminismo veio resgatá-la do caráter de animalidade a que tinha sido reduzida, devolvendo-lhe alguma parcela de razão.

De fato Pinel, sob essa influência, ao recusar-se a ver no louco pura e irreparável desrazão, propôs uma aproximação inovadora da loucura, ao considerá-la dentro de um eixo em que a perturbação do espírito seria reversível. O espírito participava agora de uma dialética da racionalidade, podendo bascular entre a alienação e a desalienação pelos procedimentos terapêuticos.

No entanto, a despeito dessa renovação no campo da interpretação da loucura, no seio mesmo do grande movimento que constituiu o nascimento da clínica, a antiga cumplicidade, entre a medicina e a moral, retornava numa pedagogia da falta para a qual o tratamento moral constitui-se na prescrição exemplar. E, apesar do gesto de ruptura com as práticas repressivas e arbitrárias que nortearam o Antigo Regime – simbolizado pela lendária libertação dos alienados de Bicêtre –, a psiquiatria positiva do século XIX herdou as relações que a cultura clássica ocidental havia firmado com a loucura. Mesmo em suas formas mais modernas, teoria e prática psiquiátricas denunciavam a sutil mas persistente aliança que unia a loucura à falta. Foi essa afinidade que guiou a obra de Pinel e de seus sucessores e que agiu na construção de um modelo organicista da loucura associado à inferiorização e marginalização do louco marcado pelos estigmas da degeneração.

Será esse o novo destino da loucura, quando ela se torna objeto do conhecimento racional, quando o saber médico sobre ela se debruça: ausência de sujeito, "corpo negativo", "moralidade alienada" (Birman, 1991, p. 35).

Dissociada agora do grande amálgama do desatino, a loucura tornou-se patologia. Com o ato que arrebenta os grilhões da internação, o louco passa de insensato a alienado, e a loucura, da desrazão à enfermidade.

Mas, apesar de potencialmente restituído em sua humanidade, como um sujeito estranho a si mesmo que pode reencontrar-se, em sua natureza, o alienado não deixou de ser percebido como negatividade essencial.

De fato, a psiquiatria nascente não conseguiu romper com a tradição racionalista que veio assimilar a loucura ao sem sentido, fazendo perdurar as mesmas antigas relações que a excluíram dos domínios da verdade e do saber.

Ao dirigir-se ao resto da razão em seus enfermos, Pinel, Tuke e outros desconheceram o essencial do discurso do louco, considerando sua subjetividade desmedida, suspeita e desprovida de valor. O alienista, ao impor o caminho racional ao delirante, convocando-o a recentrar-se segundo as normas do espaço social, lança-o uma vez mais a um *locus* dessubjetivado, onde se afirma a ausência de saber sobre si mesmo e nega-se a verdade contida na loucura.

Essa natureza negativa do louco se pressente na desalienação pretendida pelas práticas asilares, que implicará a retificação, a reeducação e a domesticação do alienado. Mas ela foi ainda claramente formulada pelo discurso psiquiátrico em dois âmbitos teóricos distintos: o dos efeitos do corpo biológico sobre o plano da organização moral e o dos efeitos das paixões desregradas e, portanto, da moralidade alienada responsável pelas perturbações do espírito.

Mas embora a experiência da loucura fosse concebida desses dois modos diferentes, ora sendo o alienado reconhecido como incapaz, pelo determinismo da doença, ora condenado por sua culpabilidade moral, é sempre uma percepção estritamente moral que servirá de núcleo às diversas concepções científicas, positivas e experimentais que se elaborarão ao longo do século XIX.

Assim, o tema do papel patógeno de um segredo vergonhoso, de uma vontade depravada – quase sempre associados à vida sexual –, vai adquirir cada vez mais importância no discurso e nas propostas terapêuticas dos alienistas, seja para os partidários da escola psicológica, seja para os somaticistas mais convictos.

Tal ponto de convergência ilustra-se bem na teoria da degeneração de Morel (1809-1873). Herdeiro da tradição psiquiátrica organicista, contemplava a enfermidade mental como uma verdadeira fatalidade biológica. No entanto, a tara hereditária que buscava incessantemente no passado dos alienados, ele a associava à imoralidade dos costumes, causa da descendência degenerada.

Desse modo, a psiquiatria positiva do século XIX, que acreditava enxergar a loucura apenas em sua objetividade patológica, continuou a percebê-la no âmbito da ordem moral e do "escândalo da animalidade" (Foucault, 1961, p. 162), deixando nas trevas a questão fundamental do seu sentido.

## A ruptura freudiana: do irracional ao sentido

Sem dúvida, a sexualidade se associou à loucura muito antes de Freud elaborar suas teses, e nesse laço já se achavam estabelecidos os contornos precisos da culpabilidade moral.

No entanto, ao retomar essas mesmas relações entre o sexual, a loucura e a culpa, Freud o fará de modo a romper com a representação positivista da loucura, para a qual a enfermidade é retribuição do pecado, castigo natural para um mal moral.

Como o discurso freudiano virá a modificar essa representação da figura do louco? Como virá a articular a sexualidade e a culpabilidade na loucura?

É na atribuição de sentido às experiências psicopatológicas, classificadas pelo discurso psiquiátrico como doenças sem significação, que vemos operar uma primeira inversão fundamental. Com Freud, a razão do louco já não se definirá nos âmbitos do saber médico e psiquiátrico e da avaliação do espaço social, mas no interior do próprio sujeito da experiência (Birman, 1991).

Os sintomas, então valorizados em si mesmos pelo olhar cientificista, registrados, inventariados, sem que se reparasse em sua gênese, nem tampouco em seu contexto, serão agora escutados.

Atento aos apelos da histérica, Freud aceita o desafio daquela que criou sempre o imprevisto, o inaudito, perturbando o conforto do saber. Como sentinela à escuta, capta os sons que transcendem as vozes habituais, espreita o silêncio, o ritmo da respiração, as escansões. Freud escuta nas reticências, nos tropeços, no sintoma, para apanhar na palavra a verdade do corpo e do desejo. O apreendido nessa atenção vigilante produzirá uma verdadeira subversão no estudo e no tratamento da histeria: as causas já não serão buscadas diretamente nos lugares do corpo – onde as procuravam o método anatomoclínico e a teoria das localizações cerebrais – mas no cenário das fantasias; "[...] não mais no catálogo dos gestos desenhados e fixos, mas nas posições identificatórias variáveis, múltiplas e ocultas" (Pontalis, 1978, p. 17).

Se o fenômeno, o manifesto e o aparente tornam-se suspeitos, o insensato e o incoerente ganham significação. Da neuroanatomia aos sonhos, e sempre a partir daí, Freud submeterá sua ciência a esse princípio que a fez nascer: o de não negar jamais o irracional e o inquietante, o de jamais abordá-los como negatividade.

A clínica das neuroses, campo inaugural da experiência psicanalítica, muito cedo o levará a interpretar as formas loucas do espírito humano como produções autênticas do sujeito, inseridas no campo do sentido.

Em seu artigo "Obsessões e fobias" (1895), é explícito o reconhecimento que faz da verdade no sofrimento neurótico. Se há absurdo no discurso de quem fala, adverte, há no entanto fundamento para a intensidade do afeto. Através dos tormentos obsessivos, é a verdade do sujeito que se infiltra. É ela que ecoa nos sintomas, trazendo as ressonâncias da história pessoal, da realidade psíquica estranha ao universo dos objetos reais e à lógica do discurso exterior. Tal realidade, a da fantasia, revela-se a Freud quando, descrente de sua "neurótica"[3], percebe algo novo: aquilo que nunca existiu no real, mas apenas no relato do histérico, é o que conserva sua capacidade de causa, seu poder patogênico. Para Freud, o discurso do paciente torna-se verdade no momento mesmo em que a realidade – a cena de sedução – se manifesta como falsa. Sua histérica não mente mais.

O sujeito surge, assim, descentrado em relação à consciência, e sua verdade emerge numa dimensão psíquica de outra natureza, em outra ordem de razão, em "outra cena", que ultrapassa o espaço da consciência, da racionalidade, da realidade objetiva, material.

Bem mais tarde, em 1909, a propósito da neurose obsessiva, vemos novamente consolidada, por anos de traba-

---

3  Carta de Freud a Fliess de 21 de setembro de 1897.

lho analítico, essa concepção sobre o sentido da experiência da loucura.

Ao escutar o "homem dos ratos" em sua narrativa singular, Freud espreitará, através do desatino de seu discurso, de suas enigmáticas obsessões, a representação ausente do enunciado, encoberta, que dará consistência e justificará a violência e o despropósito aparente de seus afetos. Mostrando a falsa aliança entre o sentimento desmedido e a ideia consciente, substituta, Freud desarticula a qualidade de absurdo do pensamento obsessivo, restabelecendo sentido pleno ao pensamento louco.

Percorrendo as cadeias associativas desses deslocamentos e substituições, já não se escutará o discurso insensato como inadequado e falso, já não se o localizará do lado do erro e do patológico.

A propósito, lembremos uma vez mais este texto das origens, "Obsessões e fobias" (1895). Operando nova ruptura com a psiquiatria de seu tempo, Freud ali se vai contrapor frontalmente à teoria explicativa das obsessões como efeito da degeneração. No contexto dessa discussão, não só afirmará sua concepção sobre o sentido dos sintomas, mas sustentará ainda que tais fenômenos – obsessões e fobias – podem afligir qualquer sujeito, desfazendo assim as rígidas fronteiras entre o normal e o patológico e trazendo para o campo da normalidade a possibilidade da eclosão da loucura.

Em momento posterior de sua obra, é com relação à figura da melancolia que o vemos superar novamente esta mesma oposição. Agora é o modelo do luto normal que lhe permite restituir o sentido negado à experiência melancólica. E mais: ao identificar em seus fundamentos a tristeza e a melancolia e ao perceber na estrutura de ambas a marca comum de uma perda importante, Freud as aproxima, assim como torna afins os distintos universos nos quais o discurso psiquiátrico as mantinha isoladas (Birman, 1991).

À diferença da psiquiatria, que via essas fronteiras como interditas, separando universos concebidos como estanques, incomunicáveis, a psicanálise vem transpor esses limites, mostrando a matéria comum que funda tais territórios.

Em um primeiro momento – a teoria em seus começos – em um ato original, Freud construirá uma nosologia que se vai contrapor a todas as classificações nosográficas de sua época. Fazendo migrar a histeria do campo das neuroses (no sentido psiquiátrico), e a obsessão do lugar que ocupava entre os estados psicopáticos, os delírios parciais e a degeneração, inicialmente, dentro do próprio universo da loucura, agrega o que antes rigorosamente se divorciava.

Freud as estuda juntas – a obsessão agora tornada neurose (sentido psicanalítico) – e, ao reconhecer o nexo, a solidariedade entre os sintomas obsessivos e os fenômenos histéricos, reúne-as num mesmo grupo, o das psiconeuroses de defesa, onde se incluem ainda certas psicoses. Sua formulação de um mecanismo psíquico análogo, presente em diferentes modalidades (conversão, deslocamento, rejeição e projeção), em toda uma série de afecções (histeria, neurose obsessiva, confusão alucinatória, paranoia), permite-lhe não só separar as psiconeuroses das neuroses atuais – com importantes desdobramentos para a teoria – mas ainda trazer para o plano do sentido a loucura dos delírios e das alucinações.

Quando, nos anos de 1894 a 1896, conceitualiza as operações de defesa, discernindo sua função essencial no campo das psiconeuroses, Freud define um psiquismo fundamentalmente dividido, efetuando de maneira explícita uma vinculação entre o conflito e a sexualidade. Sem restringir, no entanto, seu olhar ao campo da psicopatologia, estenderá suas descobertas à estrutura do sonho, do riso, do lapso e do esquecimento. A partir da obra sobre os sonhos, com a construção do primeiro modelo de aparelho psíquico que aí se configura e com a emergência da noção de inconsciente, uma psicologia do normal vem fundamentar a psicopatologia, pois Freud reencontrará as mesmas leis, os mesmos mecanismos constitutivos vigorando tanto sobre o desatino como sobre o homem normal.

Dessa forma, ao fazer transitar o sano e o insano por regiões ordenadas pelas mesmas disposições, a psicanálise restitui plenamente também o sentido da mais louca produção esquizofrênica, da construção delirante e dos demais desvarios. Freud afirmará o núcleo de verdade que habita todo delírio: se uma ideia delirante resiste às provas da realidade, isso implica que sua origem deve ser outra, independente da realidade, dos códigos de valores com os quais é confrontada. Nesta perspectiva, reconhece como fonte do sofrimento psicótico o desconhecimento de um fragmento de verdade histórica, que aparece no sintoma deslocado e distorcido.

Verdade fragmentada, Freud a persegue constantemente, convicto da importância desse resto a restaurar. A essa tarefa, de ir ao encalço dos vestígios, dos traços que dão sentido aos sintomas – trabalho que compara ao do historiador e ao do arqueólogo – pode-se dizer que Freud nunca renunciou. Afinal, sua preocupação dos inícios, de remontar cada vez mais no tempo – na busca incessante da cena – foi, a rigor, o que presidiu a descoberta do inconsciente: seus conteúdos, seus modos de funcionamento e sua ordenação num sistema, isto é, num campo de representações.

Afastando a loucura do estigma do sem sentido, ao libertar do sintoma cifrado a verdade que ele contém, Freud a retira do domínio das doenças do cérebro e das doenças dos nervos como doenças do corpo, e vem dar a palavra à loucura. Outra vez, cito Foucault (1961): "Freud retomava a loucura ao nível de sua linguagem, reconstituía um dos elementos essenciais de uma experiência reduzida ao silêncio pelo positivismo [...] reconstituía, no pensamento médico, a possibilidade de um diálogo com o desatino" (p. 338)[4].

A psicanálise veio permitir ao sujeito a conquista de sua própria língua, uma travessia da linguagem necessária para separar-se de sua fonte original, para desatar-se da repetição.

## O sexual como pulsão

Ao retirar a loucura do âmbito do corpo patológico, desarticulando-a da hereditariedade e da degeneração, Freud veio contrapor a esse corpo doente um outro corpo, uma outra ordem corporal. Não será mais a predisposição de-

---

4 É sem dúvida numa certa inflexão que Foucault se aproxima, aqui, da psicanálise. Mas nem sempre foi assim. Para ter-se a dimensão das oscilações de seu discurso com relação à psicanálise, ver Joel Birman, *Entre cuidado e saber de si: sobre Foucault e a Psicanálise*, 2000.

generativa, o corpo degradado do discurso de Morel, ou o corpo anatomopatológico da medicina clínica de Charcot, que se articularão à loucura. Em seu artigo de 1893, em que discrimina as paralisias histéricas das orgânicas, Freud detalha a concepção ingênua que a histérica nos oferece das engrenagens de seu corpo, formulando que ela o concebe segundo um mapeamento puramente subjetivo, divorciado de qualquer materialidade anatômica. Assim, não se trata de anatomia real, pois é na imagem do corpo que sofrerá seus sintomas.

O corpo na psicanálise ganhará, a partir de então, uma dimensão totalmente original: pela geografia simbólica que o demarca, pela anatomia fantasiada que o sustenta. Para Freud, o corpo da loucura trará em si toda a densidade do espaço psíquico, a vida de fantasia, as identificações. O corpo enigmático, expressivo da histeria, ou aquele que o obsessivo tenta neutralizar, configurar-se-ão agora como corpo imaginário, pulsional, denotando que para o sujeito a sexualidade não se reduz ao corpo orgânico.

Esse campo específico que consiste na prática e na teoria psicanalíticas, pode-se dizer que se constituiu a partir de uma longa reflexão sobre a sexualidade. Os manuscritos das origens, as cartas a Fliess, a interlocução entre os dois homens – que se estendeu de 1887 a 1902 – dão testemunho desse poderoso interesse, da vontade incessante de elucidar o enigma do sexo.

Freud pesquisará a problemática da sexualidade e as raízes do conflito defensivo, no domínio de sua experiência clínica do período entre 1890 e 1900, e prosseguirá ainda, postulando a essência do que designa como sexual, em 1905, em seus *Três ensaios sobre uma teoria sexual*.

No campo dessa experiência inicial, em que veio a distinguir o grupo das psiconeuroses do das neuroses atuais, sua preocupação foi menos a de classificar doenças do que a de isolar os diferentes registros em que a etiologia sexual dessas enfermidades deveria ser apreendida. Nessa diferenciação deixará entrever os novos contornos da figura de corpo que se oporá ao corpo somático que sofre, na neurastenia e na neurose de angustia.

Freud separará a enfermidade psíquica das disfunções do sexo biológico – às quais se associam as neuroses atuais –, relacionando-a ao domínio da sexualidade, do desejo e da representação.

Observará nas psiconeuroses, privilegiadamente na histeria, as conexões entre corpo e discurso. Descobrirá que o sintoma – dor, angústia, paralisias ou anestesia – se produz num corpo construído a partir dos restos, dos traços psíquicos das experiências sexuais infantis, modelado por todo um tecido de representações. Perceberá, nesse extenso período de descobrimentos, que no corpo da histeria é a sexualidade que transita. São as representações sexuais, dirá Freud, o recalcado fundamental, aquilo de que se compõe a reminiscência e o esquecimento, aquilo que fabrica o sintoma. Será pelo caminho do recalque que se dará a sexualização do corpo e sua separação do organismo.

Firmará, a partir disso – embora admitindo certas combinações e correspondências entre os dois grupos –, as diferenças entre esses dois campos clínicos, delimitando seus mecanismos, o modo específico da presença do sexual em cada campo e as formas particulares de sofrimento que se expressam, num caso, na atualidade do corpo, e no outro, no imaginário do corpo.

A sintomatologia atual, com seu cortejo de desordens somáticas, não procurará este ou aquele pedaço do corpo escolhido por seu valor de símbolo. Encontra-se aqui a fisiologia objetiva com seus distúrbios funcionais, expressos por meio de sintomas fixos, relativamente estereotipados.

Na neurose de angustia e na neurastenia observa-se uma verdadeira perturbação econômica – fisiológica – da função sexual, e será com categorias quantitativas como as de "excesso" (acúmulo de excitação somática) e de "escassez" (esgotamento da energia sexual) que Freud teorizará seu mecanismo.

Para precisá-lo, trabalhará com a noção de transposição de afeto, usando-a tanto na comparação entre as fobias atuais e as psiconeuróticas, como para com ela localizar os pontos de impasse no processo de simbolização da excitação sexual somática.

Freud formulará que a angústia, na neurose atual, não provém de uma representação recalcada; não há que se buscar no psíquico sua fonte, observando, ao contrário, que o campo de representações que deveria absorver a tensão física acumulada não está suficientemente desenvolvido. Tal insuficiência ou ausência de elaboração psíquica da excitação sexual somática impede-a de se transformar em afeto sexual, em libido psíquica. Quando essa excitação não pode ser dominada pelo enlace psíquico, é derivada mecanicamente para o somático, convertendo-se em angústia[5].

---

5   Rascunho E – *Como se origina a angústia.* – *A correspondência completa de Sigmund Freud para Wilhelm Fliess* [1887- 1904].

Subjacente a essa diferenciação dos dispositivos atuantes nos dois grupos – somático e atual de um lado, psíquico e histórico do outro –, o que está particularmente presente para Freud é, na temática do sexual, a forma de articulação entre o somático e o psíquico. Lembrará aqui, diante dos efeitos das disfunções do sexo encontradas na clínica da neurose atual, que a descarga adequada da excitação sexual somática exige uma passagem para o registro da representação psíquica. É das vicissitudes dessa passagem, dirá, que dependerão os impasses que o sujeito viverá na experiência do prazer.

Como se dá essa transposição necessária de energia de um campo a outro, e como se estabelece esse circuito no qual se realiza o que há de especificamente humano na sexualidade, são as indagações que conduzirão Freud à elaboração do conceito de *pulsão*. É buscando representar esse trânsito permanente entre a ordem do corpo e a da representação, a do sexo e a da sexualidade, que Freud proporá o conceito de *pulsão* como "conceito limite entre o psíquico e o somático", definindo-a como essa força, por um lado, ligada a uma fonte somática, mas que conhece, por outro – pelo alvo que visa e pelos objetos a que se liga –, um destino essencialmente psíquico.

Assim, uma concepção de corpo e uma teoria da sexualidade humana absolutamente originais emergirão da pesquisa freudiana. No percurso teórico que o leva da primeira formulação de um corpo imaginário, corpo de representação (1893), a seu desdobramento num corpo erógeno ou pulsional, em 1905, Freud se emancipará da anatomopatologia, da fisiologia e do conceito de instinto. Discriminará competências, traçará as fronteiras entre os diferentes campos do saber: o atual, o somático, o corpo fisiológico, o sexo do instinto e da reprodução se situarão, com relação à loucura, como algo alheio à esfera analítica. A essa esfera competirá examinar, num primeiro momento, apenas o que for da ordem do recalcado, do sexual infantil, o que se inserir no campo dos mecanismos psíquicos, do corpo habitado pelo simbolismo, delineado pelas representações mentais. Tais limites, no entanto, se ampliarão com a segunda tópica e a segunda teoria das pulsões, quando Freud, ao propor novos conceitos para abordar a problemática do corpo – como a pulsão de morte e a temática do não simbolizável – vem pensar o corpo do trauma, do excesso pulsional, incluindo-o no território da escuta analítica.

A sexualidade que Freud afirmará na base da etiologia das neuroses, psicoses e perversões será a experiência pulsional de parcialidades, forjada na disposição perverso-polimorfa da sexualidade infantil, excessiva e transbordante, que constituirá o sujeito e seus sintomas, distinguindo-se radicalmente do sexual associado, por um lado, à ideia de instinto, e, por outro, às noções de erro e de pecado, por meio das quais o pensamento positivista ligava a loucura ao campo da moral.

## Freud e a culpa inexpiável

Como Freud abriu caminho para pensar de forma original as fontes da moral implicadas na loucura? Como veio a pensar seus modos de articulação?

Embora a formulação conceitual de uma instância moral seja tardia no pensamento freudiano (1923), desde o nascimento da psicanálise, no entanto, já se esboçava, para Freud, a relação entre três elementos essenciais – parricídio, culpa, punição –, relação que o levaria paulatinamente, pela noção ainda genérica de consciência moral, a estabelecer os fundamentos do conceito de supereu.

Freud percebeu precocemente, nos seus primeiros casos relatados nos esboços teóricos iniciais ("Rascunho N" da carta 64, "Rascunho K", "Rascunho H", *As neuropsicoses de defesa*, entre outros), os impasses colocados pela presença da culpabilidade tanto nos atos expiatórios das obsessões, nos sintomas sacrificiais da histeria, como no tormento melancólico e nas vozes acusatórias das alucinações paranoicas. Ao lado dessa experiência clínica, contou ainda com a matéria-prima de sua própria autoanálise (sonhos de Roma, "Pede-se fechar os olhos", "Mãe querida e personagens com bicos de pássaros" etc.), quando veio a associar essa culpabilidade ao tema do pai, seja pela via do parricídio, seja pelo do incesto.

Desejo de morte, tentação incestuosa, pecado e consciência moral, vão articular-se, nesses primeiros ensaios freudianos, como noções complementares. Fenômenos clínicos serão descritos ali, todos centrados na temática dos "impulsos hostis contra os pais", a partir da qual Freud delineará as bases inaugurais de uma clínica diferencial da culpa. Em todos eles – na obsessão, na histeria, na melancolia e na paranoia –, a punição será a moeda a pagar pelo desejo parricida, cujo impacto sobre a subjetividade determinará em cada estrutura, em cada tipo clínico, as diferentes expressões, as manifestações específicas da culpabilidade.

Ainda no mesmo período, na carta 71 (15/10/1897) de sua correspondência com Fliess, reencontramos essa fonte original a que se enlaçam a culpa e o castigo, agora por meio do destino inelutável do heroi trágico. A lenda de Édipo é invocada aqui como modelo mitológico do conflito psíquico, e na descoberta do mito é a verdade universal que se descobre. O que ocupa Freud é o mito de Édipo, mas seu espírito arguto adivinha as mesmas raízes inconscientes do desejo, na tragédia de Shakespeare, quando vê em Hamlet um Édipo recalcado. Atormentado por sua consciência inquieta, o filho culpado, paralisado por escrúpulos e remorsos, dirá: "a se tratar cada homem segundo seu merecimento, quem escapará do açoite? Sua consciência moral é seu sentimento inconsciente de culpa" (Freud, carta 71).

Em *A interpretação dos sonhos*, no capítulo VI, sob o título "O sonho de morte de pessoas queridas", Freud retoma e desenvolve a passagem dessa carta de 15 de outubro:

> O poeta, desvendando a falta de Édipo, nos obriga a olhar em nós mesmos e aí reconhecer estes impulsos que, embora reprimidos, existem sempre. Como Édipo, vivemos inconscientes dos desejos que ofendem a moral e aos quais a natureza nos constrange. Quando nos são revelados, preferiríamos desviar os olhos das cenas de nossa infância.

Desse modo, para Freud, o sentimento moral por excelência "não é o respeito nem a reverência" (Laplanche, 1987, p. 253), mas o sentimento de culpa. Culpabilidade que envolve diretamente o problema da lei moral, cuja gênese é levado a buscar além das fronteiras estritas de seu campo, nas origens da cultura.

Assim é que, em *Totem e tabu* (1913b), tecerá as hipóteses psicanalíticas fundamentais que unirão o parricídio ao nascimento do direito e da moral. Estabelecerá os elos que ligam o arrependimento e a culpa, a saudade do pai morto e a renúncia a seu poder despótico, o pecado e o sacrifício, mas ainda o gozo pelo crime e a dívida impossível de saldar.

Em seu mito encontra-se a raiz do complexo nuclear das neuroses. Complexo universal, tradução psíquica dos dois grandes interditos fundadores da sociedade humana que, na figura da proibição do incesto e do parricídio, enlaça o desejo à lei do pai. No entanto, se Freud trata aqui da origem da lei moral, lei simbólica, indicará igualmente, por meio da análise dos tabus, a face obscura da lei, contraditória e paradoxal, que será reconhecida na "moção maligna", no arbítrio perverso, vingativo e ameaçador do que resta do pai: a peste que destrói Tebas, o espectro que retorna em Hamlet, o fantasma que assombra no "homem dos ratos".

"As restrições de tabu são algo de muito distinto das proibições puramente religiosas ou morais" (Freud, 1913b, p. 385). Sagrado ou lúgubre, o tabu apresenta-se como um mandato insensato, incompreensível, sem fundamentos, a que se deve irrestrita obediência. O tabu violado vinga-se. Desrespeitá-lo é atrair sobre si o castigo mortal, as mais severas punições. Não reconhecemos aí, nesse "horror sagrado", a antecipação do que será o rosto obsceno, selvagem e imperativo do supereu, sua imersão na pulsão de morte?

Os temas do pai, de sua condenação à morte pelo pacto dos irmãos e das consequências de seu assassinato serão retomados em *Moisés e o monoteísmo* (1937), obra na qual se reafirma a "verdade fantasmática" presente em toda a extensão da obra freudiana – na análise da clínica, da tragédia e da cultura –, verdade mítica que levou Freud a escutar o duplo timbre, pacificante e maldito, da voz do supereu: parricídio e pecado original, raízes da culpabilidade.

É assim que Freud, com sua concepção de um sujeito culpado de seu desejo, vem renovar o trágico da condição humana. Ao recriar a tragédia na tese da impossível inocência do homem e sua culpa inexpiável, atribuiu uma nova dimensão à noção de culpabilidade. É seu tecido inconsciente que funda a distinção entre a culpa religiosa, ligada ao pecado e à salvação, e a angústia da consciência moral associada ao sentido de uma falta. Sem dúvida, não escaparam a Freud as profundas ressonâncias no pensamento obsessivo do pensamento religioso. A impureza da carne e o sofrimento redentor, sínteses de uma sexualidade culpável e centro da reflexão cristã sobre o problema do mal, reaparecem na trama própria do discurso obsessivo no qual se reconhecem ainda os temas do sacrilégio e da blasfêmia, o medo da intenção agressiva e o temor à transgressão da lei. Torturado pela angústia do pecado, hiperculpado e recriminador, o obsessivo busca sem trégua castigar-se pela percepção interna da tentação.

Mas se em *Atos obsessivos e práticas religiosas* (1907) Freud compara os rituais simbólicos da religião aos falsos ritos da neurose, e se aborda o circuito autopunitivo que deixa o obsessivo entregue aos imperativos de sua religião particular, é para abrir essa perspectiva inédita sobre o lugar da culpa na subjetividade: o do sentimento inconsciente de culpa, articulado a um mais além do desejo.

## Psicopatologia e cultura: da neurose ao transtorno

Figura paradigmática do sujeito culpado, não se apresenta o obsessivo como esse incansável combatente moral contra toda expressão do desatino? Não encarna em seu sintoma, na tentativa de conter, de dominar, de isolar toda forma de desejo, as marcas desta história da loucura em que a racionalidade encerra atrás dos muros do banimento toda a ordem do impuro, tudo o que se afasta da norma social? Mas se a neurose obsessiva condensa o material privilegiado que nos indica os laços entre uma produção psicopatológica centrada na culpabilidade e a constelação simbólica na qual se origina o complexo cultural centrado na razão, na ordem, na religião e na moral, em que medida a psicopatologia contemporânea que a transforma num transtorno revela essa dimensão fundamental da cultura?

É, sem dúvida, necessário interrogar as relações entre os fatos psicopatológicos – no caso, o surgimento da noção de transtorno e a abolição das neuroses nos quadros nosológicos atuais – e o contexto cultural no seio do qual foram forjados. Sob pena de considerarmos como evidente e natural aquilo que se tece no terreno da interpretação, o fato vivo que constitui a loucura não pode ser devidamente analisado se não localizarmos, na cultura, as redes ideológicas nas quais se insere o sujeito.

Expressão de uma era em que os laços sociais se configuram pelos códigos do individualismo, da emancipação com relação ao outro e da ilusão da liberdade irrestrita, o homem contemporâneo despiu-se de seu mundo subjetivo. Alheio às inscrições inconscientes que o determinam, ignorante da história singular e cultural que o atravessam, é, neste momento, um homem encerrado na lógica narcisista – de eterno presente e prazer instantâneo – que vem deslocar o sujeito moderno culpado e desejante.

As maneiras emergentes de pensar, sentir e sofrer, certamente modeladas, senão francamente fabricadas pelos sistemas ideológicos de controle social e pelas estratégias de normalização à disposição na cultura, expressam hoje uma nova forma de alienação, na qual o esforço de pertinência à norma prevaleceu sobre a valorização do conflito.

De fato, nos discursos científicos que integram o sistema biopolítico da atualidade, é sistemático o desconhecimento do compromisso subjetivo no sofrimento humano. Percebido como um ser sem desejo e historicidade, reduzido a um organismo a ser regulado, medido, quantificado, nosso homem foi lançado num deserto. Perdeu-se de suas paixões conhecidas: tristeza, cólera, medo e melancolia. Perdeu-se de sua familiar subjetividade. Aviltou-se o sentido de seus afetos.

Na nova ordem pós-moderna, não há lugar para a implicação do sujeito em seu destino: aboliram-se a culpa, a responsabilidade pelo ato humano, o caráter trágico do sintoma. Diante do novo paradigma do homem comportamental, empalidecem os grandes temas da memória, do tempo e da morte. Opera-se uma redução da organização psíquica e toma a frente a normalização dos comportamentos.

Sem dúvida, essa substituição de um paradigma por outro não é inocente, assim como não é inócua a desarticulação dos quadros neuróticos e a emergência da categoria do "transtorno" nos manuais classificatórios das doenças mentais. Revelam antes as bases do pensamento psiquiátrico dominante na atualidade, que vem impor uma concepção sináptica das perturbações psíquicas e de seu tratamento e, igualmente, uma concepção sináptica das nosologias contemporâneas: os DSM III e IV e o CID 10 (Bogochvol, 1997).

Representante de um poderoso movimento de medicalização do corpo social, iniciado na década de 1950, a psiquiatria biológica operou, com sua visão particular de norma e patologia, a eliminação radical do conceito de estruturas mentais. Sustentada pelo desenvolvimento das neurociências (neurofisiologia, psicobiologia, psicofarmacologia e neurogenética), elaborou modelos biológicos de explicação para toda a extensão da clínica do psíquico.

Abordando o campo psiquiátrico na sua totalidade como um campo neurobiológico, estabeleceu, ao final da década de 1960, o modelo da neurotransmissão cerebral. A partir de então, os distúrbios psíquicos passaram a ser concebidos como alterações provocadas anatômica, histológica ou bioquimicamente, nas relações recíprocas entre neurotransmissores e neurorreceptores, ao nível das sinapses. Tal modelo, proposto a partir da neurofisiologia, conjugado à ação da psicofarmacologia, veio constituir uma nova clínica: "transestrutural, subfenomênica, quantitativa e pragmática" (Bogochvol, 1997).

Em consequência, sob a égide do recente paradigma biológico, é o próprio discurso da psicopatologia que se apresenta em novas bases. Não há, no conjunto de suas teses, uma lógica do psicopatológico: a ideia de etiologia – central na concepção tradicional de enfermidade –, o registro da história do doente, as circunstâncias da doença e o tempo de sua duração cedem em importância ao interesse por síndromes e sintomas. Desse modo, as neuroses clássicas, pensadas segundo os conceitos psicanalíticos do conflito psíquico, do recalque e do corpo pulsional, desapareceram do campo psicopatológico. Em seu lugar, surgem os transtornos, as síndromes, e o que conta para a inclusão de um determinado quadro clínico nas distintas nomenclaturas (transtornos de humor, delirantes, de ansiedade etc.) são os sintomas que o definem.

Tais manifestações sintomáticas, agrupadas, quantificadas, apreendidas por técnicas padronizadas para configurar cada quadro, são submetidas, na análise clínica, à lógica de uma razão estatística. Assim, perde-se de vista aquilo que operava nas antigas nosografias, tanto psiquiátricas como psicanalíticas: a lógica que interroga o sintoma a partir da estrutura psíquica que o determina. É a ausência desta lógica, que desfigura a categoria da neurose, que a recobre com a face do transtorno. Foi esse o destino da neurose obsessiva classificada como "Transtorno Obsessivo-Compulsivo" (TOC).

Ao assimilar o funcionamento psíquico ao funcionamento cerebral e ao desconhecer a articulação entre o sintoma e a fantasia inconsciente, a pesquisa clínica que orienta a terapêutica psiquiátrica contemporânea é sempre norteada por uma preocupação de ordem funcional. Atuar sobre as disfunções – aumento ou diminuição de neurotransmissores, maior ou menor disponibilidade dos neurorreceptores etc. –, eis a palavra de ordem do discurso científico na pós-modernidade.

Nesta perspectiva, como avaliar as propostas de intervenção psicofarmacológica, as neurocirurgias, as psicoterapias comportamentais e cognitivistas prescritas para o sujeito que sofre de obsessões? Como combater seus atos e ritos sem que se considerem as relações apontadas: o compromisso do sintoma, suas determinações inconscientes, sua razão subjetiva?

Será que a resposta à pergunta sobre sua posição obsessiva, sobre a subjetivação de sua existência deste modo preciso, poderá ser dada pelo ato prescritivo, medicação, sugestão ou cirurgia?

Esses métodos

> [...] se encaminham na mesma direção que o isolamento e a anulação obsessivos: reduzir a ideia obsedante, a compulsão ou o rito a um condicionamento deplorável em relação com eventos ansiógenos; trata-se sempre de fazer desaparecerem os sintomas, de desafetivá-los, de dessubjetivá-los, de reconduzi-los à insignificância de um fenômeno parasita que é preciso esquecer, de fazê-los desaparecer isolando-os das emoções e da vida psíquica, de anulá-los com ajuda de uma técnica e, aspecto que não se pode negligenciar, com a ajuda de alguém que tem o poder e a autoridade, que se porta como fiador disso, que autoriza e encoraja. (Brusset, 2003, p. 19)

É para se pensar se o discurso hegemônico da psiquiatria biológica, com seus avanços farmacológicos e suas estratégias psicoterapêuticas e cirúrgicas para o "transtorno obsessivo-compulsivo", não retoma, de forma aprofundada e aprimorada, os anseios da psiquiatria em suas origens: partilhar com o conjunto de medicina seus modos de ação fundamentais, incluir-se na mesma referência biológica e científica.

A afirmação do corpo doente na loucura e a prescrição de "táticas de arrancamento" e de "provocação de dor" fizeram-se insistências necessárias da psiquiatria positiva para, identificando-se no plano imaginário com a prática médica do ato cirúrgico, legitimar-se como medicina (Birman, 1978, p. 446).

> É essa insistência de Esquirol num corpo doente, representando o eixo central do pensamento psiquiátrico, que cabe compreender. Num tempo que valorizava fundamentalmente as virtudes da empiria, que lhe dava a soberania de aferir as hipóteses, de confirmá-las ou afastá-las, que lhe dava a função de legalizar as assertivas teóricas, essa persistência de Esquirol precisa ser interrogada com justeza [...] Se a loucura é patologizada, é necessário que seu corpo seja lesado para validar a ação médica [...] Desta maneira, o corpo afastado, negado, silencioso, deveria ser retomado, para que a psiquiatria não se tornasse enigmática: corpo doente, palavra chave, sem a qual se quebram as pretensões da psiquiatria de querer pertencer à instituição médica. (Birman, 1978, p. 58-59)

E não é isso que se valoriza em nosso tempo: o saber provado e certo, experimentação rigorosa, controle e objetividade? Mas ainda é preciso perguntar: não sairá o tiro pela culatra? O sintoma neurótico, se não for percebido em seu horizonte simbólico e conflitual, mas puramente como transtorno, síndrome, doença, não levará o obsessivo a pagar com seu corpo pelo "crime de pensamento" que carrega dentro de si? Não encontrará aí – na intervenção cirúrgica no circuito cerebral responsável pela compulsão – o alimento para sua economia masoquista, o mote para a expiação de sua culpa inconsciente?

Denegado seu universo simbólico, naturaliza-se o homem. Mas poderá o neo-organicismo de nossos dias prescindir dessa dimensão?

Que a neurose obsessiva se esfacele num transtorno, é a consequência de um violento desgaste que se operou sobre seu elemento dramático. Para reconhecer nela a paixão dilacerante que a habita – paixões do ódio e da soberba – e o tormento que a torna louca, é preciso pressentir, como o fez Freud, a imersão do sujeito no conflito e revelar a figura trágica ocultada sob um eu de decência e adaptação.

O obsessivo, refém de sua irredutível divisão, é ele mesmo – a um só tempo – o insensato obrigado a embarcar para o exílio permanente de si e o cidadão que o escorraça para fora de seus muros.

É, então, no intuito de resistir a essa erosão e retomar o trágico da obsessão que seguiremos.

# 2
# Das paixões dos começos: ódio e narcisismo. Haverá paixão que não seja a dos começos?

> Nessa adesão imaginária a si mesmo, o homem faz surgir sua loucura como uma miragem. O símbolo da loucura será doravante este espelho que, nada refletindo de real, refletiria secretamente, para aquele que nele se contempla, o sonho de sua presunção.
>
> Michel Foucault, História da loucura na Idade Clássica

Vivia entre juízes, entre magistrados. Seu mundo era o universo das sentenças e das condenações. Caminhava altivo, poderoso, severo sempre, verdadeiramente colérico, por nada.

Seria verdade que a cólera lançada sobre os semelhantes – seus iguais, seus mestres, seus amores – fosse disparada por nada?

Era de sua natureza ser um ser de extremos, constatara. Por impetuoso, teve muito pelo que sofrer. Mas esse ser de ódio constrangeu-se.

Falou-me muito, no início, de seu ser passional. Dos juízos oscilantes que fazia dos parceiros: de como de ouro puro os reduzia a restos a eliminar. Mas disse-me ainda muito mais. Semanas depois de ser medicado, revelou-me triunfante sua redenção. Ou seria sua rendição?

"Desacelerei. Tenho a cólera sob controle, não vocifero mais". No entanto, lentamente retomou sua confissão, já que falava como um pecador:

"Antes eu tinha o gosto pela briga, experimentava o gozo na contenda. Não me importava a solução dos conflitos, desde que tudo se temperasse com sangue. Blasfemava, ofendia, insultava, mas sofria depois de ressaca moral".

O transtorno bipolar que lhe arranjaram negava e encobria esse sofrimento que tentava dissimular: a vil alternância entre sua fúria, a devastação do mundo, e o tormento pelo crime cometido contra seus objetos de amor.

Sinto-me hoje reduzido a uma espécie de materialidade sináptica. É como se tudo me fosse exterior: não me responsabilizo por mim, nem pelo que faço aos outros. Tiraram-me a cólera, é verdade. Mas perdi o ímpeto, foi-se a vontade, transformei-me num ser de medo. Sem as injúrias, os insultos, as ofensas que dirigi a tantos, sem meus inimigos, como posso me reconhecer? Quem sou eu, fora do campo de combate?

As angústias desse homem, homem da paixão, mas também do senso de justiça e do direito, são eloquentes para se pensar o conflito intenso que Freud captou na base da neurose obsessiva, entre o destino ambivalente da libido e a moralidade do eu.

Essas perguntas que vêm conjugar o bélico e o libidinal e que indicam o vetor entre o eu, o ódio e o objeto, exigem para situar a questão da existência ameaçada – do eu, do objeto – uma reflexão sobre as paixões do ódio.

## Amor e ódio no jogo de espelhos

A neurose obsessiva é, para Freud, paradigmática. Parece grato a esse monumento que exerce sobre ele tanta fascinação. Em *Inibição, sintoma e angústia* (1925) é levado a declarar: "A neurose obsessiva é, indubitavelmente, o tema mais interessante e compensador da pesquisa psicanalítica" (p. 136).

De fato, por sua própria natureza de excesso, em função de suas leis de funcionamento, ensina, esclarece sobre a formação dos sintomas psíquicos, amplificando como uma lente grande parte da experiência humana. É solidária da histeria, esbarra na paranoia, na melancolia, flerta com a perversão. Oferece-nos um verdadeiro posto de observação e escuta dos fenômenos fundantes da subjetividade: da sexualidade que se espalha, recobrindo tudo, da função orgânica ao pensamento, contagiando os próprios órgãos, do ódio e do narcisismo na constituição do outro, do luto pela perda do objeto, da oralidade e da analidade como distintos campos de demanda, do destino dos ideais. Permite-nos, ainda, avistar pelas brechas abertas em seus flancos, o campo árido onde fermentam as raízes do mal: pulsão de morte, masoquismo, desligamento, possessão.

Mas o mundo do obsessivo, como se verá, ainda que o apavore e o isole, ainda que o torne presa da solidão, guarda também seus encantos. Pena que estejam fadados a dissipar-se. Pois, poderá, de fato, bastar-se? Prudente, vigilante, é verdade, o obsessivo é "sólido como um rochedo", mas é também "fluido como o mar" (Leclaire, 2001, p. 101).

Valho-me aqui, da descrição feita por Leclaire, da bela fantasia de Iconéforo, ponto luminoso de seu artigo sobre a dúvida obsessiva, que ao lado de outros trabalhos, figura em seus *Escritos clínicos*. Narrada pelo paciente em análise, retomo seu relato onírico, para apresentar a riqueza que nos oferece a estrutura da obsessão.

Interessou-me sobretudo, na arquitetura dessa extensa fantasia, a disposição belicosa do combate travado contra um outro e a constituição simétrica das cidadelas descritas em sua especularidade.

Observemos sua construção:

"[...] Então, fizeram-me subir ao torreão que se elevava no centro da cidade... O espanto me congelou, quando eu me virei: diante de mim, uma cidade, exatamente igual àquela que me cercava, mostrava seus seis recintos e o torreão que brotava do seu centro correspondia àquele que me suportava... Era como se fossem gêmeas... A história da cidade", continuou Iconéforo, "reproduz assim a origem da cidade gêmea: outrora, há muito tempo, fazia-se a guerra, depois a paz, com uma cidade que se encontrava além do reino; mas houve muitas vicissitudes, e por duas vezes a cidade quase foi incendiada. Assim, o Conselho, com muita sabedoria, decidiu construir, no próprio interior do recinto e logo ao lado da nossa fortaleza, outra cidade simultaneamente amiga e rival, construída à imagem da nossa: se as duas são iguais, julgava o Conselho dos Sábios, os combates e lutas serão puramente formais. Assim, a partir desse tempo, quando a guerra estourava entre as cidades gêmeas, era por pura diversão, e quando por acaso um dos nossos era feito prisioneiro no combate, ficava no cativeiro como se estivesse em casa... Fiquei sabendo assim", disse o nosso contista, "que os habitantes da cidade gostavam de passar as férias na cidade gêmea vizinha, e que tinham grande satisfação em mudar de ares e de ponto de vista, reencontrando os mesmos, simetricamente [...]" (p. 102)

Na ficção de Iconéforo, em sua ilusão infantil, aquilo com que primeiro nos encontramos, é com essa inscrição do desejo, cunhada no mármore, na entrada de um recinto perfeito: "Aqui o tempo dura e não passa".

Na sequência são descritos os caminhos, as estradas, toda a geografia fascinante do espaço que o rodeia. Ele o percorre, encolhendo na passagem, tornando-se cada vez menor, até que, ao atingir o centro da cidade, vê-se reduzido à estatura de um liliputiano. Aí, dentro do cerco quase intransponível erguido por suas muralhas, temos tudo.

O tempo, então, em seu interior, detém-se.

Os relógios, dos quais falou longamente, funcionam segundo uma lógica própria, estranha ao tempo mensurável, perceptível, estranha às estações calendárias. Aí o tempo se ajusta e sua duração é arbitrária. É por querer perdurar que, seu maior fascínio, ele o viveu diante do grande reservatório de fotografias, monumento blindado, armazém de tesouros.

Ali, encontrou a imagem perfeita do tempo capturado:

Fotos, ou mais exatamente microfotos de liliputianos [...] acredite-me, nada do que se pode ver no nosso mundo faltava ali: foi o mais belo álbum de figuras que eu já folheei. (p. 103)

No pequeno liliputiano, o grande Narciso assoma e se fixa no instantâneo. Na perspectiva de Iconéforo, tudo o que venha a interromper o bom funcionamento da cidade encantada, com suas cidades gêmeas, deve permanecer exterior. Põe-se em movimento uma verdadeira máquina de guerra: fervilham as ansiedades guerreiras, concebem-se estratégias de defesa e controle, elaboram-se regulamentos, táticas para se evitar o ataque, para manter vigiado o inimigo. É preciso defender-se. Esquivar-se ao compromisso com o outro, com o tempo e com a morte, figuras inelutáveis, incógnitas de nossa condição.

Ouçamos o que diz, quando Leclaire, a certa altura da narrativa, dirige a seu analisando essa pergunta de grande interesse para o psicanalista: "como é que a cidade se comunica com o mundo que está fora do seu reino?"

Procurava perscrutar com esse expediente, os atalhos ardilosos que lhe permitissem adentrar a fortaleza obsessiva. Iconéforo lhe responde:

"[...] a fototeca tem de ser constantemente alimentada, atualizada, renovada e, para isso, é preciso manter relações com o mundo. Por outro lado, essas relações são indispensáveis para tudo aquilo que diz respeito à morte, como já expliquei. De fato, é fora do reino que se morre, e se é enterrado por estranhos. Não há cemitério na cidade... Mas se essas relações são necessárias, elas também são perigosas e cansativas, pois afinal, logo que os habitantes têm de abandonar seu tamanho liliputiano para ir se encontrar com os homens, eles se expõem, como sua história mostra, a inúmeros perigos: roubos, destruição, ferimentos, estupros. Então, como se organizam essas relações? É muito simples: a partir do grande princípio do guichê que faz a comunicação entre as clausuras rigorosas e o exterior; nada sai sem ser verificado no guichê da alfândega, pois de outra forma a cidade poderia ficar imediatamente exangue, e por outro lado, nada entra sem ser rigorosamente depurado, censurado e principalmente calibrado... *Acredite*", concluiu Iconéforo, "*apesar de tudo vive-se muito bem na cidade encantada, e aliás, como eu disse, ninguém quer sair de lá. A esse respeito, conta-se a triste história do homem que quis sair: a luz do sol o ofuscou, ele foi atacado, maltratado, despojado de seus relógios e de sua microfototeca, que trazia sempre consigo: falaram com ele sem gentileza e ele quase caiu no jogo do amor. Isso foi demais, ele quis voltar, mas não encontrou mais as portas da cidade encantada. Andou desesperadamente, sentindo subir em si a angústia irresistível do homem perdido... Andava sem destino... Tinha ficado louco*". (p. 104)

Poderá esse liliputiano partir da sua cidade encantada? Saberá que para que haja vida de desejo é preciso perder essa imagem fascinante? Aceitará perdê-la para renascer para a palavra? Poderá abrir-se às dores do amor?

Difícil dizer. Na castração, para o obsessivo, não há promessa. Apenas a morte, a mutilação, a loucura.

## Na arquitetura de resistência, a que é que se resiste?

> *Estava a olhar para o vidro, com uma persistência de desesperado, contemplando as próprias feições derramadas e inacabadas, uma nuvem de linhas soltas, informes, quando tive o pensamento* [...]

> [...] *Lembrou-me vestir a farda de alferes. Vestia-a, aprontei-me de todo; e como estava defronte do espelho, levantei os olhos, e... não lhes digo nada; o vidro reproduziu a figura integral; nenhuma linha de menos, nenhum contorno diverso; era eu mesmo, o alferes, que achava, enfim, a alma exterior. Essa alma ausente com a dona do sítio, dispersa e fugida com os escravos, ei-la recolhida no espelho.*
>
> Machado de Assis, O espelho

O ódio que vemos descrito na pergunta do analisando, sobre as consequências de sua cólera arrebatada ou na fantasia de Iconéforo, na figura dos combates formais, é o ódio próprio à identificação imaginária, identificação alienante em que o eu é sempre cativo de seu outro. Aqui, o amor e o ódio são correlatos do narcisismo, amor pela imagem, júbilo do eu. É nesse eixo especular entre o eu e a imagem, onde vemos capturado o obsessivo e é através dele que, frente ao semelhante, oscila instável a paixão odiosa, a paixão amorosa, báscula que Freud chamou ambivalência. Mas se o ódio surge nesse eixo é porque o eu é, em sua primeira aparição, essa instância frágil apanhada na malha imaginária que a configura, pela palavra que a reconhece e pela imagem que a totaliza. E se é na dependência desse reconhecimento que vive o eu, qualquer movimento do objeto, passível de desfigurá-lo, é afastado com ódio[6].

---

6   É a referência lacaniana do estádio do espelho como teoria do narcisismo, que aqui retomamos ao tratar da questão do eu como constituído na própria alienação. É nessa dimensão narcísica, introduzida por Lacan na problemática obsessiva, que entrevemos a fonte hegeliana da dialética do senhor e do escravo.

Porém, mais precisamente, o que provoca o ódio e o que vem fazê-lo persistir, tornando o laço entre o eu e o semelhante, tão feroz, ainda que paradoxalmente tão íntimo? A que se prende essa contradição, tão vigorosa na neurose obsessiva, em que a tenacidade do ódio age tanto no desejo de aniquilar o objeto quanto para fazê-lo permanecer?

A indagação sobre o mecanismo da ambivalência afetiva e a obscura relação entre o ódio recalcado e o sadismo, cuja natureza enigmática o intrigou, levaram Freud, em 1915, a reconhecer a gênese do ódio no momento mesmo da constituição do eu e do objeto. Tempo de uma concepção da agressividade anterior, distinta da hipótese da pulsão de morte: tempo fecundo em que se elabora a teoria narcísica do ódio.

Nesse período, sobretudo o artigo sobre o narcisismo (1914) e os ensaios metapsicológicos sobre o luto e o destino das pulsões (1915) deixam entrever certos eixos como territórios de origem das angústias de morte do eu diante do drama da perda do objeto. São as oposições eu-outro, dentro-fora, projeção-introjeção, amor-ódio, os temas interrogados em seus escritos neste momento em que apreende a natureza do ódio, situando-a em *Pulsão e suas vicissitudes* (1915), na luta do eu pela conservação e afirmação de si. Em *Luto e melancolia* (1917a), a neurose obsessiva, assim como a melancolia, surgem como expressões exemplares da ambivalência. Centrado em torno do tema do luto, cujas distintas constelações aborda, Freud traz para o âmago dessa discussão a noção de identificação narcísica – o amor pelo objeto que se perde e se incorpora –, a ação que se volta ao próprio eu e a dinâmica da escolha narcisista de objeto.

Nessa mesma direção, em *Pulsão e suas vicissitudes*, Freud dissecou a liga ambivalente do amor e do ódio, e ao tratar dos destinos pulsionais mostrou o circuito percorrido pela agressividade, no exemplo do par antitético do sadomasoquismo. Nesse artigo, indica-nos dois momentos do retorno da agressividade sobre si: um em que o sujeito se atormenta, efeito particularmente observado na neurose obsessiva; e outro que caracteriza o masoquismo propriamente dito, pelo qual o sujeito faz com que uma pessoa estranha lhe provoque dor. Nesses dois retornos – tanto no movimento reflexivo, como na busca de um agente da agressão – acentuou o papel da identificação com o outro na fantasia, indicando que a sexualidade se faz presente no processo, correlativamente ao surgimento da dimensão fantasmática.

Dentro da perspectiva desses trabalhos, poderia então uma reflexão sobre as dimensões narcísica e objetal do ódio presentes no funcionamento obsessivo dispensar a questão do outro? Esse outro estranho ao eu? Poderia deixar à margem o fascínio "quase hipnótico do eu pelo eu?".

É que o ódio, dirá Freud, surgirá no momento preciso em que se cria o objeto. Pois é um movimento de expulsão, de projeção do mal – excitação, desprazer, perturbação – que lhe dará existência. Nascido como um não eu, o objeto assegura, sempre provisoriamente, o advento de um eu, desejoso de um prazer sem limites. "O ego primitivo, regido pelo princípio do prazer, quer introjetar tudo que é bom e expulsar de si tudo que é mau. O alheio ao ego e o externo são para ele, inicialmente idênticos" (Freud, 1925, p. 295).

É portanto por sua natureza fluida, de incerta consistência, por temor de diluir-se, que o eu tenta manter sob domínio seu estranho ameaçador. O outro, estrangeiro inimigo, pode sempre revelar a sombra, o avesso projetado, o que em mim é odiado, a escuridão. "Se o ódio pode ser cego", escreve Pontalis (1991), "é por cegar-se para seu movimento primordial, por ser projetivo em seu princípio, por exigir que o eu não tenha nada em comum com aquele a quem execro e, no entanto, eu o execro porque ele é quase igual a mim" (p. 29).

Esse eu, então, "antes de tudo um ego corporal... ele próprio a projeção de uma superfície" (Freud, 1923), atento aos sinais que lhe vem do outro – de amor, de ódio – não pode prescindir de seu semelhante, sob pena de fragmentar-se. "A própria consistência da carne parece desfazer-se sem o olhar do outro [...]" (Pommier, 1996, p. 21). O lugar onde está preso o obsessivo, a posição na qual se vê escravizado, se encontra aí neste campo das primeiras identificações do eu.

Disse-me um analisando certo dia, a propósito da fogueira de vaidades de seu meio, refletindo sobre o equívoco em que estão imersos seus semelhantes, colegas de profissão:

> [...] eles pensam que têm o poder, sem se dar conta da falácia. A rigor, o poderoso é o outro, aquele que lhes atira as migalhas, certamente não para lhes matar a fome, mas porque lhe interessa manter-se por presunção num lugar iluminado ou derrotar algum adversário. É isso que nos escapa: acreditando poder muito deixamos de ver a quem servimos.

Visitar temporariamente o lugar do outro, ocupar sua posição, como diz Iconéforo, tirar umas férias, mudar de ares, trocar de pontos de vista, esse é o trânsito sempre ansiado pelo obsessivo, na perseguição inglória do sentimento de unidade narcísica, que malogra sempre no momento mesmo de satisfazer-se. Assim, é num esforço enérgico de restauração do eu, de recomposição de sua figura imponente, que o vemos absorvido, no desconhecimento de que na estrutura dual sobre a qual se erige sua unidade é sempre ilusória.

Questão central para o obsessivo, as estratégias de proteção para um eu em perigo, transformam-se em objetivo militar. Freud foi o primeiro a revelar essa arquitetura de resistência. Não nomeou um de seus primeiros trabalhos sobre essa neurose *As neuropsicoses de defesa*? Não debateu aí esse tema *princeps* da "defesa perpétua" empreendida pelo ego obsessivo?

Esse eu fortificado, monumental, monolítico, portanto, nós o conhecemos desde Freud. E seu desdobramento – sua face mágica, sua face lógica – foi contado em prosa e verso nos escritos psicanalíticos desde tempos imemoriais.

A paixão pelos muros sólidos, pelos campos entrincheirados, pelos materiais rígidos, mármore, granito, o interesse pelos espaços fechados, criptas, mausoléus, ou aqueles divididos em zonas, fastas e nefastas, são algumas das imagens a que se alude no cotidiano de nossa clínica para evocar o eu blindado, defendido, consolidado.

Mas essa preocupação estratégica é solidária de um verdadeiro pavor. O que teme esse apreensivo eu em prontidão? Que linha móvel é essa que avança[7], perturbando o sono do sujeito obsessivo? Quais são as sombras que avista que o põe em posição de sentido?

---

7 Alusão à mancha negra que se desloca no horizonte, inimigo imaginário, intensamente pressentido e ansiosamente esperado por Giovanni Drogo, protagonista de *O deserto dos tártaros*, de Dino Buzzati.

## Nas frestas da muralha: a morte

Em 1913, em seu artigo O *tema da escolha do cofrezinho*, Freud discute, por meio da análise do mito das Moiras – divindades gregas, deusas do destino –, a rebelião do homem frente ao conhecimento de sua condição mortal. Diante da revelação da lei imutável da morte, encarnada no mito, a fantasia humana reagiu e criou, a partir dele, formas derivadas, deformadas, em que a deusa do Amor passou a ocupar o lugar da deusa da Morte. Assim como a função de ocultamento que aí se opera, nas derivações do mito primitivo "[...] o inelutável rigor da lei e sua relação com a morte e a caducidade [...] que imprimiram seu selo às Moiras [...]" (Freud, 1913a, p. 139) vem a substituir-se por sua antítese. Tal substituição estava já preparada por uma arcaica ambivalência e cumpriu-se seguindo uma relação muito antiga. Freud lembra aqui as grandes divindades maternas dos povos orientais que tinham o poder tanto de gerar quanto de destruir: deusas da vida e da fecundidade eram ao mesmo tempo deusas da morte. De fato, insuficientes, essas deformações sempre deixaram transparecer na figura da bela e fértil deusa do Amor os traços inquietantes que conservou. Traços que permitem adivinhar o que nela existe de encoberto, intuir sua identidade primordial.

O que se rebela no homem, dirá Freud, é seu desejo de permanência, contra a imposição de curvar-se ao destino implacável da morte, personificado na terceira das mulheres do Destino, nas figuras divinas das Moiras.

É nessa mesma direção – a de dissimular algo demasiadamente penoso para o eu – que em certas versões da lenda de Narciso se privilegia o tema do enamoramento pela própria imagem, para deixar à sombra a proposição central da morte associada à visão do semelhante.

Estamos aqui diante do problema essencial do eu, da primeira representação de si: a questão da captura e da perda da imagem e sua relação com a morte.

O outro especular, como sabemos, tem a função de oferecer constantemente seu semblante ao eu, para que este possa contemplar-se... Mas desta contemplação pode nascer tanto o fascínio quanto o horror. Pois, se a figura do semelhante, por um lado, assegura ao eu sua imortalidade, por outro, anuncia ameaçadoramente sua morte.

É essa relação que é trabalhada na investigação temática empreendida por Otto Rank (1914) sobre o duplo na literatura. Rank sublinhou ali, para além da importância narcisista do duplo em sua positividade (contemplação da imagem encantada, amor a si mesmo) e em suas formas defensivas (fugir do duplo como ego temido, mau, ameaçador), o significado da morte nesse tema *princeps* da relação do eu com o eu.

A tanatofobia nas representações folclóricas e literárias que documentam sua pesquisa, presente no temor à imagem, à sua perda ou à sua perseguição, conjugada ao tema do suicídio, leva-o a analisar os laços entre o temor à morte e o narcisismo.

Como compreender o gesto do suicídio frente ao confesso medo da morte? Para iluminar tal paradoxo e revelar sua aparente contradição, Rank observa que é só pelo caminho do fantasma de um duplo, temido e odiado, que é possível se matar. Pois, "o horror do homem à morte não é simples resultado do amor natural à vida", é mais do que autoconservação, segue Rank (p. 124). É amor ao eu, amor que é demasiado grande, e a criação de tal desdobramento está destinada a conjurar sua aniquilação.

No entanto, se o duplo em sua origem pode ser imaginado como medida de segurança contra a destruição do eu, se tal divisão pretende desmentir o inevitável da morte, por outro lado, a silhueta do outro adquire também contornos sinistros.

Freud abordará esta questão em 1919, ao comentar o estudo de Rank, em seu artigo "O estranho". Lembrará que o excesso – que aqui aparece na figura de dois eus feita para afastar a certeza da morte e do nada que nos espreitam – tem também expressão na linguagem dos sonhos, quando esta se serve da duplicação ou da multiplicidade das significações fálicas para aludir à castração.

Essas representações próprias ao narcisismo que dominam a alma da criança e a do homem primitivo, dirá, não desaparecem. Ganham, contudo, novos conteúdos nas fases ulteriores da evolução do ego.

O supereu, instância crítica diferenciada no seio do eu, "vestígio constantemente renovado" (Nasio, 1989, p. 131) de proteção à sua integridade, exerce, no entanto, outras funções que vêm ressituar o fantasma do duplo dentro do complexo do eu. Com suas funções de auto-observação e censura, essa instância faz sobre o eu uma apreciação crítica, toma-o como objeto. Vigia e julga seus atos e intenções, e, no exercício dessa crítica, atribui um novo semblante à antiga representação do semelhante, que incorpora agora novos elementos.

Tudo o que ofende a moral superegoica encontrará no duplo seu lugar. Mas este abrigará, ainda, todas as expectativas frustradas do ideal do eu, todas as aspirações não cumpridas, todos os desejos que a imaginação não se resigna a renunciar. Encarna-se em sua figura todo o mal recusado, o negativo, o recalcado. Emerge como blasfêmia em meio ao sagrado.

Como o concebeu Freud, o caráter sinistro do duplo se deve a que, como emanação dos restos da convicção animista do homem, perde seu traço fraterno, protetor de antes, para converter-se no estranho mensageiro da morte. Estranha figura que porta agora o que excede os contornos do eu imortal: ausência de razão, ausência de forma, angústia indizível. Retrato ocultado, retrato coberto que exibe em seu rosto, ao levantar o véu, o desmentido do eu.

Ameaçado pelo duplo pela alteridade que o estrutura, com o retorno do inconciliável, o eu entra em litígio sangrento com seu outro, numa luta de vida e morte, vestígio de suas origens narcísicas, quando a afirmação de si era correlativa à negação do outro.

O estranho, para Freud, é isso: fenômeno que traz à luz o oculto, o secreto, o perigoso, a partir do mais íntimo, familiar. *Heimlich* igual à sua antítese *Unheimliche*. Não há aqui distinção entre os contrários.

É ainda pelo desvio do duplo que desejo retomar as observações de Rank. Sua sólida documentação leva-o, uma vez mais, a indicar os desdobramentos que se operam nas relações do homem com a ideia de sua finitude. Ao trabalhar o tema do envelhecimento, retornará aos dois registros da morte: se o registro da razão a aceita como acontecimento, a perspectiva do imaginário a recusa.

Recorda, então, no âmago de sua discussão, as palavras de Dorian Gray, no romance de Wilde: "Quando perceber que estou envelhecendo, me matarei... não tenho terror à Morte. Só me aterroriza a chegada da Morte" (1965, p. 44).

Ao lado deste "mato-me para não esperar a morte", Rank insiste na outra face da mesma formulação: "mato-me para eternizar o eu". Para ilustrar esse apego à forma perfeita, para falar do desejo de torná-la perene, relembra em meio a seu texto uma canção infantil (p. 127). Nela, conta-se a história de um jovem acorrentado, descoberto por um cavaleiro na masmorra de um castelo. Quando este o vê de pé diante de um espelho com a metade do corpo convertida em pedra, dá-se conta do feitiço do qual o outro está cativo. Se ao longo de dois séculos tornou-se imóvel até o peito, seu rosto se mostrava ainda jovem e vivaz. O estrangeiro, sabedor da maldição, está prestes a destroçar o espelho, para lhe dar liberdade. Mas o jovem quer conservá-lo, manter dele o seu reflexo e ao erguê-lo para beijá-lo/beijar-se, rígido como uma estátua, imortaliza-se na pedra.

Em Rank, presente o tema da escolha do suicídio para liquidar com a penosa espera da morte. Em Freud, presente a questão do campo onde o arcaico conservou-se incólume, o de nossas relações com a morte, como domínio privilegiado das vivências do sinistro.

São essas formulações que vêm, agora, encaminhar nossa reflexão, na medida em que encontramos nesses trabalhos os apoios para pensar na forma específica que o obsessivo vai buscar a morte para perdurar.

Com seus rituais e no uso de seus mecanismos – defesas mágicas contra o maligno – pretende domesticar o sinistro. Racionaliza, intelectualiza, justifica o inexplicável por falsas conexões lógicas, buscando conjurar o perturbador, para, no entanto, no circuito da neurose, acabar encarnando a temida desgraça da morte. O obsessivo, não raras vezes, cadaveriza-se, modela-se à imagem do morto, imobiliza-se. Num curso idêntico ao de seus atos protetores que, realizados para afastar o sexual, terminam por corporificar o proibido, submete-se à supremacia da morte pelo mesmo gesto com que a quer negar.

Freud, que em *Totem e tabu* (1913b) retoma amplamente a problemática da neurose obsessiva, afirmará, a propósito do núcleo de seu conflito, que a proibição do contato com o objeto do desejo excede o contato físico direto, atingindo tudo o que aproxima os pensamentos do objeto interdito.

O pensamento deverá ficar separado do desejo. Não deve jamais tocá-lo. No entanto, apesar da atividade incessante em que efetua uma desconexão anuladora do que insiste em se afirmar pelos caminhos do retorno do recalcado, o obsessivo não escapa ao desejo.

De fato, seu desejo é vigoroso: desejo de posse, de morte, desejo sádico, criança perversa. Por isso, trata de apagar suas manchas, seus vestígios, estabelecendo estratégias, medidas de proteção. Mas seu desejo retorna, volta a se expressar, reaparece no cerimonial, na blasfêmia, no mandamento feroz. E diante do contínuo risco de infecção proveniente do recalcado, nega, isola, separa, desune tudo o que pode tocar o proibido. Apresenta-se, assim, a obra na qual vemos infiltrar-se a sombra da pulsão de morte. Triunfo e tormento, vida e morte, então, se confundem. E o desejo sobrevive amortalhado, "envolto como uma múmia pelas vendas da proibição" (Green, 1983, p. 195).

# 3
# Da fluidez da imagem à constância da forma

O universo do obsessivo é um universo de formas. Nesse espaço ordenado, sente-se sólido, consistente, bem-contornado. Essa é sua morada. É aí que existe, ocupado no exercício de suas funções, no manejo dos cálculos e das palavras.

De certa forma, é no narcisismo que pode, por um instante, apaziguar-se. Se aí há jogo de imagens, se ele acredita que é, por meio de um outro, alienado que está em imagens ideais, se "vive por procuração", coloca-se ausente do campo do desejo.

Temendo sua agressividade essencial, no impasse ante a destruição do outro, faz desvanecer seu gozo; já não é mais ele quem ali está. É na pele do ator, com a máscara do personagem, que o obsessivo entra em cena. Lacan (1958-1959) bem o observou: alguém que não é ele, mas sua imagem, o substitui na dialética do desejo. É nesse sentido que pode, momentaneamente, tranquilizar-se. Mas, sabemos, seu desejo não morre na contemplação de uma imagem, nem na rigidez da estátua ou na fixidez da fotografia. Está vivo e ressurge ferindo essa paz tão perfeita – quase inalterável – entre o sujeito e o mundo.

Assim, sua maior angústia irrompe quando pressente qualquer ruptura, qualquer contágio. Eclode no pressentimento de qualquer divisão. Pois, na perspectiva de seu mundo, faz equivaler toda parcialidade com a morte.

Para expandir esse tema, é preciso relembrar os enigmas que, para o sujeito obsessivo, envolvem as questões da existência e, desse ponto de vista, pensar o que vem a se lhe afigurar como morte.

Silêncio, sono, imobilidade? Imagens do reino das sombras, ritos fúnebres, vultos no território das trevas? Sobre essas representações simbólicas da morte, nosso neurótico sabe discorrer sem angústia. Circula seguro por tais infaustas figurações, uma vez que nelas pode reconhecer alegorias universais, consensuais, identificáveis.

Dessa forma, não é por este atalho que seguiremos, pois, nesse aspecto, a morte não o atormenta.

Mas, então, quando é que um obsessivo se apavora, quando é que todo o seu ser é posto em causa, quando é que pensa que, de fato, vai desaparecer?

## Demanda materna e sacrifício de si

O tema da analidade, a forma como são vividas pelo sujeito as demandas próprias a essa fase e a problemática de uma determinada relação com o outro, estruturada em torno da experiência de perda, persistem como fundamentos da metapsicologia da neurose obsessiva.

No entanto, se é necessário, neste ponto, retomar suas bases, será para pensar a intervenção do complexo narcisista, que dará a essa fase da libido sua densidade e seu peso.

Se insistimos até agora com a questão do narcisismo na neurose obsessiva, foi para indicar a presença de algo distinto de uma etapa – que se abandona ou ultrapassa – e afirmá-lo como uma estrutura de subjetividade. Nessa perspectiva, articular narcisismo e fase anal é colocar em evidência uma determinada partilha de lugares que reformula o campo da demanda com relação à oralidade – quem é que agora pede, quem é que agora dá – e que definirá as novas diretrizes do processo de constituição subjetiva.

Pensar na analidade como determinada organização nesse processo, concebê-la como um tempo em que se consolida o eu, tempo em que se diz o "não", implica pensar a importância da especularidade, a existência de dois lugares intercambiáveis e a presença do registro do simbólico, que já se esboça no sujeito. Desse ponto de vista, ampliam-se os horizontes desta fase. Complexos, os fenômenos que aí têm lugar extrapolam amplamente o tema do controle associado à maturação neurológica e à concepção de uma evolução libidinal linear. Assistimos aqui a uma particular conjunção que vem ligar o objeto anal e seu valor à dimensão da palavra e ao símbolo da negação.

Herdeira da fase oral, na passagem que a constitui como esse novo espaço de intercâmbios – por sua zona erógena privilegiada e sua função ligada à excreção –, a fase anal emerge de uma modificação sensível no regime intersubjetivo. Nessa nova distribuição de lugares, produz-se um efeito expansivo do narcisismo, uma inflação do eu: magia da palavra, poder dos excrementos, tabu do contato, onipotência das ideias...

Em sua expansão, o eu trabalha amplificando a imago especular, materializando-se na analidade a aspiração agressiva do narcisisismo. A criança do espelho mata, no imaginário, o rival invejado em seus atributos. Instala-se em seu lugar e, perpetuando o desaparecimento do objeto da identificação, ela o substitui por um eu tão monumental como o era a mãe diante dos olhos fascinados da criança. A fase anal, portanto, segue aprimorando, refinando em seu poder, a imagem inaugural. Ideal onipotente forjado no desejo parental, essa estátua modelada, o eu, "modela e esculpe por sua vez uma obra prima: as fezes" (Cabas, 1980, p. 97).

Narcisismo, agressividade, demanda, defesa e libido anal fazem aqui urdidura, trama, textura. É estreita a relação entre essas distintas ordens de fenômenos. Como esquecer a íntima correlação que observamos entre a persistente afirmação do eu diante daquilo com o que acena o pedido materno e o tema do sacrifício anal? A analidade permite controlar os intercâmbios. Mas o que é a demanda própria a essa fase? O que pede a mãe, quando pede à criança que entregue suas fezes?

Certamente esta é uma demanda complexa: em suas diferentes modalidades – súplica, exigência ou reclamo – pede-se um objeto peculiar, por todas as suas equivalências simbólicas. Pode valer pelo pênis, pelo filho, pode valer pelo ouro, vale pelo presente. É a primeira dádiva da criança, a mais valiosa dádiva da vida.

Primeiro objeto que é produção própria do sujeito, parte do corpo próprio que a criança oferece ao Outro, dotado de imenso valor para esta que o fabrica e para a mãe que o espera, no entanto, tão logo é produzido, é destruído sem que se possa tocá-lo. Na renúncia à sua fonte oculta de prazer, por amor ao outro, a criança paga com o desaparecimento das fezes.

O poder enorme – quase ilimitado – dos excrementos, o complexo anal constituinte de um modo de relação com o mundo, a experiência da criança frente à interferência educativa nas atividades anal-eróticas, sua curiosidade pelo ato de defecar e o interesse por seu produto foram largamente tematizados na literatura psicanalítica, desde as origens da psicanálise. A importância dos processos excretórios nos sonhos e na neurose, Freud a ilustrou, já em 1900, em A interpretação dos sonhos[8].

Mas o laço entre a obsessão e a analidade, as relações entre neurose obsessiva e erotismo anal só ficam plenamente estabelecidos a partir de O homem dos ratos. Foi em 1909 que Freud evidenciou essa ligação. Nessa observação clínica, vemos claramente como se engendra a cadeia de equivalências simbólicas desses objetos anais, "objetos

---

[8] Ver o sonho das "Latrinas ao ar livre", capítulo VI – A elaboração dos sonhos – H – "Os afetos nos sonhos".

imundos", capazes de penetrar no ânus (e também sair dele)[9] num circuito inequivocamente sexual. Na série verbal dos ratos – que afirma o sexual, de acordo com as disposições do inconsciente –, os ratos são dinheiro: "tantos florins, tantos ratos". Estes simbolizam o pênis como fonte de infecções perigosas e, ainda, representam crianças.

Esses ratos, objetos excrementícios, objetos sexuais, por excelência, estreitamente enlaçados ao desejo e ao gozo, são objetos parciais, cruéis, agressivos, que dão ao conflito o selo do pulsional: sadismo, erotismo anal.

Sabemos como Freud enfatiza, em seu registro, a identificação do sujeito, criança, com o rato repugnante e voraz, que penetra e morde. E como observa ainda, em seu paciente, a compaixão pelo animal cruelmente perseguido e morto, vendo no rato um semelhante seu.

A criança na psicanálise, lembra-nos Laplanche (1987), não é de início uma "pessoa total":

> Ela entra como objeto parcial numa série de equações simbólicas, onde é curioso encontrá-la ao lado de "objetos", no sentido epistemológico do termo, ou seja, que não são centros de subjetividade nem mesmo de atividade natural: pertences naturais ou partes do corpo, dinheiro, fezes, seio, pênis... A criança é, por certo, a criança que se é, mas sobretudo a criança que o outro – pai ou mãe – "tem" (em todos os sentidos do termo "ter uma criança")... Tudo está

---

[9] Ao evocar neste texto a teoria sexual infantil, segundo a qual as crianças nascem pelo ânus, Freud lembra as regras da interpretação dos sonhos, que tornam reversível no inconsciente o simbolismo da penetração. Assim, o objeto que surge pelo ânus pode ser representado pelo objeto que é aí introduzido.

centrado – na fantasmática infantil – nessa relação com o objeto parcial que se é, por certo, mas também que se tem. (Laplanche, 1987, p. 285)

A propósito, relembro aqui a nota de rodapé do texto de 1909, na qual Freud alude ao estreito laço simbólico entre os ratos e as crianças, a partir da evocação pelo paciente da fábula de Ibsen. Observa ali o parentesco entre a história de *O Pequeno Eyolf* (Ibsen) e a lenda do flautista de Hamelin. Seguindo um mesmo destino, os ratos da lenda e o menino da história afogam-se nas águas do rio, enfeitiçados. Os primeiros, atraídos pelo som da flauta do caçador da lenda; o segundo, seduzido, arrastado pela "mulher dos ratos". Naquele contexto, como apontamos, a ênfase de Freud recai sobre a identificação do rato que rói e morde com a criança agressiva, associação que lhe deu a chave da grande obsessão, cuja análise remeteu ao complexo paterno. No entanto, embora Freud privilegie, em sua interpretação dessa assimilação do rato à criança, o conflito do paciente com o pai, não haveria aqui alusão ao feitiço materno, que em suas diferentes modulações – da tonalidade branda ao mandato severo – impõe à criança o desprendimento de seu objeto e, em última instância, o sacrifício de si?

Ainda um sonho para ilustrar a outra face da dupla relação da criança ao objeto parcial, assinalada por Laplanche. Extraído de um ensaio de Abraham (1920), esse sonho, pensamos, alude não só à criança identificada ao objeto que se perde – posição do Pequeno Eyolf que desaparece nas águas –, mas também ao poder do objeto que se tem.

Eis o sonho:

Estava sentada em uma cadeira de palha perto da parede de uma casa à beira de um lago. A cadeira estava bem ao lado da água. Havia botes no lago e muita gente nadando. Vi dois homens em um bote, um jovem e o outro, mais velho. Quando o bote estava se aproximando de mim, veio uma rajada de vento que fez levantar uma enorme onda atrás do bote e o tragou junto com seus ocupantes. As pessoas que estavam nadando também se afogaram. Apenas uma delas, uma mulher, manteve-se boiando. Nadou até mim e se agarrou em minha cadeira. Pensei que poderia estender a perna para que ela se apoiasse, mas senti tão pouca simpatia por ela quanto pelos outros infelizes, de modo que nada fiz para ajudá-la.

Ondas imensas que tragam os ocupantes dos barcos, nadadores que desaparecem sob o vento e a água... Primeiro tempo: debato-me, cedo, estou vivo ou morto? Segundo tempo, realização de desejo: perpetrar sobre a mãe, com a onipotência de seus excrementos, o mesmo gesto que esta pratica contra seu ser de valor.

As considerações de Abraham sobre os expressivos erotismos anal e uretral de sua paciente levam-nos a pensar que se condensam na posição da cadeira à beira da água esses dois tempos: o do sacrifício de seus excrementos, vê-los partir, perdê-los, e o da fantasia infantil de controle sobre os poderosos efeitos de seus produtos, seu poder de criar e destruir.

Lembro ainda um sonho de Freud, de conteúdo abertamente anal, referido por ele em A *interpretação dos sonhos*[10].

Esse sonho, que reage a seu estado de espírito da véspera, a um descontentamento e a um desânimo, ligados à sensação de seu pouco valor pessoal, vem dar expressão – como realização de desejo – à tendência oposta a es-

---

10  Capítulo VI, "A elaboração dos sonhos" – H – "Os afetos nos sonhos".

ses sentimentos, à estima exagerada de si. Eleva-o, sabemos pelas associações, à categoria de semideus, de gigante, de super-homem. Transcrevo-o:

> Uma colina, sobre a qual havia algo semelhante a uma privada ao ar livre: um assento muito comprido com um grande buraco na sua extremidade. A borda traseira achava-se espessamente coberta de pequenos montes de fezes de todos os tamanhos e graus de frescura... Urinei sobre o assento: um longo jato de urina deixou tudo limpo; as massas de fezes saíram facilmente e caíram na abertura [...] (p. 501)

Freud aqui é Hércules que lavou as estrebarias de Augias e o jorro de urina que tudo limpa, inegável alusão à sua grandeza. Freud ainda é Gulliver, que, do mesmo modo, apagou o grande incêndio no reino de Lilliput. É também Gargantua: do alto da Notre-Dame, vingou-se dos parisienses urinando sobre suas cabeças.

O conteúdo desses sonhos se estrutura de tal maneira que, no mesmo material, expressam-se tanto a identificação ao objeto desestimado como a poderosa afirmação de si.

De um lado, "a água engole o produto, purifica sua passagem, apaga seu vestígio, sem que nenhum prazer possa ser tirado de um contato manual que daria uma satisfação agressiva possível, compensadora do gozo impossível" (Green, 1967, p. 217). De outro, esse deleite narcísico que vemos na identificação heroica, megalomaníaca, que no sonho de Freud consolida-se no lema "*Afflavit et dissipati sunt*", referência à inscrição gravada na medalha inglesa em comemoração à derrota da Armada espanhola "invencível": "Soprou, e eles se dissiparam".

É essa duplicidade essencial desse objeto que o torna admirável, mas também repugnante, que no registro da identificação da criança ao excremento, simboliza o sujeito dividido: ele é e não é, é bom e mau, vale e não vale. Formula-se então uma questão vital: eu, o que sou? Sujeito ou objeto? Grande homem ou criminoso? Supliciado ou mordedor?

Como vemos, a entrada do excremento no processo de subjetivação pela via dos ambíguos pedidos maternos produzirá consequências para a organização subjetiva: a mãe, que deveria ser a primeira proteção contra a angústia, será, no entanto, na estrutura obsessiva, sua causa mais poderosa.

Demanda de guardar, demanda de expulsar, objeto requerido, objeto a ser perdido, eis aí o território onde os cerimoniais ligados aos hábitos, aos horários, às expectativas, devem ordenar as operações... para não sujar, para não tocar...

Aqui é de uma disciplina da necessidade que se trata, afirmará Lacan (1960-1961), para quem tudo o que está relacionado ao erotismo anal, com o objeto excremencial, está inteiramente determinado pela preponderância, em determinado momento da constituição do sujeito, da "demanda do Outro". Assim, haverá nesse campo disciplinar um movimento: o ingresso da criança num regime de trocas, num universo de equivalências que vem significar a necessidade como presente à mãe.

A entrega das fezes ou sua retenção instituem-se, deste modo, como ocasião privilegiada da satisfação de um outro. A criança percebe que a mãe pede além das fezes: que a ame, que lhe obedeça, que a satisfaça, que se lhe submeta...

É preciso desdobrar-se para, então, servi-la, para atendê-la, para agradá-la... É essa malha, de que é feita a experiência sexual precoce do obsessivo, que reencontramos na análise, por meio das lembranças encobridoras, das formações reativas, dos sonhos e dos protestos de repugnância.

Observa-se, assim, um desvio por onde passa a satisfação da própria necessidade. Prevalece sobre ela uma outra satisfação que perturba, contamina o real da evacuação. Constipação ou diarreias, sintomas pensados como pontos de resistência à demanda da mãe, pontos de recusa nos quais espreita o desejo, falam tanto pela rebeldia como pela obediência, da necessidade totalmente transtornada por seus efeitos.

É com referência a essa problemática na qual predomina a "demanda do Outro" sobre o próprio desejo, é no âmbito da relação anal que vamos encontrar o outro num lugar de domínio pleno; é então que Lacan (1960-1961) afirma que o "desejo literalmente vai à merda" (p. 204). De fato, em função desse circuito em que o vemos enredado e pela identificação entre o valor do excremento e sua imagem, o obsessivo desaparece do mundo junto com o presente que cede ao outro.

A propósito, é nesta esfera da dialética anal que Lacan (1960-1961) situará a raiz da "fantasia obsessiva da oblatividade". Sob formas diversas, insistiu nessa observação:

> *Tudo para o outro*, diz o obsessivo, e é isso mesmo o que ele faz, pois, estando na perpétua vertigem da destruição do outro, ele nunca faz o bastante para que o outro se mantenha na existência. (p. 204)

Evocando ainda, no mesmo contexto, o esquema fundamental que organiza a fantasia sadomasoquista, Lacan adverte que o que nela está em jogo é "um sofrimento esperado pelo outro".

Como dádiva ou imundície, no sacrifício ou no desvalor, é sobre as bases da sua própria eliminação que o obsessivo institui essa fantasia.

Objeto ego, objeto não ego, objeto valioso, dejeto a expulsar, disposição narcisista ou sacrifício de amor?

Ser ou não ser, merda ou maravilha, essas são as questões com as quais se ocupa, a hesitação que o consome, na hiância sempre aberta pela angústia de existir.

## O avesso e o direito: da rendição à tirania

Certamente sabemos que os propósitos do obsessivo nada têm de inocentes. Mas sabemos também que para a Psicanálise, a rigor, ninguém é propriamente puro. Ela sempre desconfia da virtude, já que no inconsciente se entretecem desejo, transgressão e culpa. Da densa realidade que habita todo sujeito, conhecemos os desejos que a animam: incesto e assassinato. Conhecemos a violência dos começos: a violência da libido, a violência da devoração. E também a violência da solicitude e a violência da dominação. Para essa realidade psíquica que desconhece a verdade material das coisas, há uma identidade do pensamento e de sua realização. Tal característica do processo inconsciente – esse estado mágico que sobrevive de forma bruta, quase sem refinamentos no neurótico obsessivo – torna assim equivalentes o pensar, o desejar e o agir/realizar.

O *Homem dos ratos* vem ilustrar exemplarmente essa constelação psíquica: ainda que seu pai estivesse morto, já há uma década, receava provocar sua morte, em razão do enunciado do pensamento que o obcecava: se pensasse em determinadas coisas, seu pai deveria morrer. Pensamento de desejo, cogita Freud; pensamento criminoso, intui seu paciente. Se o obsessivo teme a onipotência de seu pensamento, é talvez porque experimente, porque pressinta que a matéria do desejo inconsciente é para ele, fundamentalmente, crueldade, crime, perigosa transgressão. Sua agressividade, portanto, não se limita a uma ação real, nem tampouco a essa báscula em que oscila um desejo que se mostra na intenção de agredir e que se camufla ante o medo à retaliação. Quais seriam as raízes deste pensamento poderoso que pode matar, torturar, destruir seu objeto? Em que consiste esse território ampliado da agressividade? Como se constitui?

É ainda a fase anal e a estrutura do sadismo que nos vêm indicar a extensão do campo da agressividade – para além do ato agressivo, destruidor, para além de um tempo não sexual – para reconhecer nele uma tensão subjetiva fundamental.

É bem conhecido o papel que desempenham, na economia psíquica do obsessivo, as fantasias sádicas[11]. Sabemos

---

[11] É por meio da noção de regressão que Freud busca compreender a importância das fantasias sádicas nos obsessivos. Vê numa dupla regressão – libidinal e de objeto – e nas satisfações libidinais ligadas à organização sádico-anal, nas quais prevalecem as relações de atividade e passividade e de intensa agressividade, os elementos que sustentam o conflito, explicam os sintomas e propõem o roteiro às fantasias.

como podem assumir a forma de uma intolerável invasão, voragem que o absorve, que devora partes inteiras de sua vida psíquica, de suas ocupações mentais. Fantasias que procedem como ratos, irrompendo de forma súbita, cavando, poluindo, contaminando todos os esforços empregados nos processos de defesa.

Este tema – o da fantasia sádica na neurose obsessiva –, Lacan (1957-1958) o discute no *Seminário V* e, ao aproximá-lo da obra literária, ressalta o aspecto de roteiro ou de história, que constitui uma de suas dimensões essenciais. Insiste, também, com vigor, nesta mesma discussão, na necessidade de pensá-la não como simples manifestação de uma tendência agressiva, mas de apreendê-la como uma organização. Dirá Lacan (1957-1958):

> Ela não é uma imagem cega do instinto de destruição, não é uma coisa em que o sujeito – por mais que eu mesmo me esforce por criar imagens para lhes explicar o que quero dizer – se enfureça de repente diante de sua presa, mas é algo que não apenas o sujeito articula num roteiro, como no qual ele próprio se coloca em cena. (p. 421)

De fato, em seus argumentos fantasmáticos, em suas encenações, é comum que o sujeito se desdobre. O que importa neles é a presença de certa relação ao semelhante experimentada no circuito da demanda – mediado pelo objeto parcial – em que se dá, em algum ponto, uma "acomodação transitivista". Por seus efeitos de controle e de poder, essa experiência permite ao sujeito, no trânsito inusitado de alternar-se com seu outro, colocar-se em seu lugar. É assim que, nas cenas destas fantasias, o sujeito experimenta tanto o lugar daquele que sofre como o daquele que domina e faz sofrer.

Em "O grande temor obsessivo", subtítulo de sua observação clínica do *Homem dos ratos*, Freud indica já muito precisamente a organização subjacente ao fantasma sadomasoquista, expresso no temor de que pudesse acontecer, à mulher amada e ao pai, o suplício dos ratos. Encontramos aí, com todo o seu vigor, a um só tempo, sua fenomenologia e sua complexidade.

Como esquecer a reflexão que faz Freud sobre seu paciente, a propósito da expressão de seu rosto durante a narrativa do suplício, quando se revela "o horror de um gozo por ele mesmo ignorado?" Castigo, gozo, mas gozo ignorado, portanto, gozo inconsciente.

Freud acredita revelar essa estrutura que subjaz à fantasia tanto no plano das relações da cena inconsciente como no âmbito da história infantil.

Mais adiante em sua exposição, quando analisa o complexo paterno, os ratos já se apresentam como esses objetos sádicos, como objetos parciais, sem dúvida, mas também identificados ao pai – rato-de-jogo, violento, sifilítico, quem sabe? –, revelando-se como personagens de um roteiro em que vemos permutarem-se as duas posições na fantasia.

O paciente de Freud, desde o princípio, pretende não ser ator. Insiste na neutralidade de seu pensamento obsessivo – de que alguma desgraça ocorrerá a seu pai –, trocando os sinais do desejo pelos do temor. Combate com energia o uso dos castigos corporais, está aturdido, horrorizado, perturba-se ao transmitir a Freud os detalhes do suplício relatado, gagueja, resiste. Esquiva-se persistentemente a assumir a posição ativa na fantasia, já que pela estratégia de sua formulação se desconhece o agente do castigo: aquilo "sucedia" a quem estimava, à dama e depois ao pai. Nesta forma verbal em que se formula o pensamento de construção impessoal, neutraliza-se o caráter do desejo violento, dissimula-se o gozo inconsciente, prescinde-se de um autor para a execução.

Mas no decorrer do tratamento, na história transferencial, por meio das lembranças de infância resgatadas em meio à análise, assim como no cenário da fantasia, oscila indefinidamente entre essas duas posições: a daquele que sofre o suplício e a do rato que o inflige.

Desde os *Três ensaios sobre a teoria da sexualidade*, Freud (1905) parece trabalhar a questão do sadomasoquismo por seu valor estrutural, não lhe interessando propriamente seu aspecto perverso: os quadros clínicos fixos, o sadismo, o masoquismo e sua união num sadomasoquismo. Ultrapassando o plano da perversão, como comportamento manifesto, clinicamente determinado, preocupa-se com o destino pulsional. Quando pensa nas estruturas subjacentes, presentes tanto na perversão como no fantasma neurótico, que fazem intervir o prazer da dor – o prazer em infligir dor ou gozar com a dor que se pode sentir –, acredita descobrir uma dialética em que os dois lugares, ativo e passivo, estão estreitamente ligados, convertendo-se um no outro.

Essa reversibilidade é desenvolvida, sobretudo, no artigo metapsicológico "Pulsão e seus destinos", texto em que trabalha o estatuto do sadismo, através da análise do par sadomasoquista.

Como vimos anteriormente, já em 1915, Freud explicitava os avatares da agressividade – de pulsão de domínio à violência sexual – em sua primeira teoria do ódio e do sadomasoquismo[12]. Nesse artigo, em sua reflexão clínica sobre a gênese do sadomasoquismo, na acepção do sadismo e do masoquismo como violência sexualizada, Freud insiste na importância do momento reflexivo para a constituição do objetivo pulsional. Observa, então, quando o objeto foi trocado por uma fantasia, por um objeto refletido no sujeito, que esses dois destinos, sádico e masoquista, só se distinguem por abstração, havendo sempre no sujeito a possibilidade das duas posições.

Essa passagem de uma posição a outra é atribuída por Freud a um duplo movimento. Primeiro, o da transformação no contrário, quando se dá uma mudança quanto ao objetivo, quanto à ação propriamente dita: fazer-se sofrer ou fazer sofrer o outro. Em seguida, formula o segundo movimento: o do retorno sobre a própria pessoa. É sobretudo esse movimento que para Freud constitui o impulso de toda a dialética, permitindo às trocas fantasmáticas de posição operarem-se. Neste texto, nos faz perceber que o re-

12  Embora não haja em Freud uma precisão absoluta dos termos, podendo a agressividade, o sadismo e o masoquismo, em certos momentos, confundirem-se quanto à sua essência não sexual ou sexual, reservamos aqui, ainda que provisoriamente – acatando a terminologia proposta por J. Laplanche (1985) em *Vida e morte em psicanálise* –, os termos "sadismo" (sádico) e "masoquismo" (masoquista) para as fantasias e as tendências que comportam um elemento de gozo sexual, consciente ou inconsciente, e a noção de agressividade para a ação de natureza não sexual, tal como se depreende de "Pulsão e seus destinos".

torno da agressividade[13] sobre si, a passagem à passividade no masoquismo perverso e a passagem para um estágio intermediário, que no caso da neurose obsessiva é para uma posição média, reflexa, autopunitiva, não ocorrem sem que haja identificação. Indica no movimento reflexivo a formação de uma cena subjetiva composta por pelo menos dois personagens. O objeto substituído pela fantasia torna-se, de objeto externo, objeto interno: confunde-se com o próprio ego. Desse modo, o "eu me torturo" deve ser traduzido por "eu torturo em mim o objeto que aí coloquei". Como o afirma Laplanche (1987), ao analisar o mesmo artigo:

> Há um desdobramento interno. E não somente o "me" do "eu me faço sofrer" é um outro, mas é preciso entender – e esse é o tema do superego – que o "eu" também é um outro. (p. 278)

Assim, para Freud, o sadomasoquismo, suas posições complementares, reversíveis, são, a rigor, as transformações da pura destrutividade, possibilitadas por uma "certa gramática" ou por um determinado argumento inconsciente.

Neste sentido, o *Homem dos ratos*, em sua fantasia do suplício, é eloquente. No esquema que subjaz à fantasia, em sua representação imaginada, quem sofre e quem faz sofrer?

"Sucederá a meu pai e à dama o suplício dos ratos": a indeterminação de seu enunciado, como apontamos, tra-

---

13 Neste momento de seu pensamento, trata-se para Freud do retorno de uma heteroagressividade originária: agressividade como atividade da violência voltada primeiramente a um objeto externo.

duz a neutralidade que o paciente quer imprimir, defensivamente, aos elementos da cena. Torturam-se o pai e a dama, assim como se diz "espanca-se uma criança".

Num segundo tempo, furta-se o sujeito a qualquer posição ativa ou violenta que o incrimine, mas fantasia a agressão; ele a reflete, a interioriza. É ele agora quem sofre atormentado: assaltado por pensamentos insensatos, apanhado nas malhas do delírio, seviciado pelo conjunto do sintoma. Esse parece ser o tempo propriamente fantasmático, mergulhado no inconsciente, de onde emerge a posição masoquista, no sentido próprio, posição passiva, gozosa, de consentimento no desprazer da dor, de excitação sexual. Sabemos com Freud que é na posição do ser que sofre que reside o gozo sexual. Nesse momento, identifica-se o sujeito, na dor e no prazer, com o pai e a dama, supliciados.

Mas, na sequência, para além desse "fazer-se sofrer", o que é que encontramos? O que é que Freud encontra na cena inconsciente? Percebe-se, como já destacamos, que as posições sádica e masoquista se alternam, numa unidade estrutural indissociável. Que, na fantasia dos ratos, o sujeito é também aquele que ordena o suplício. Porque o trama, porque o fantasia, pelo próprio fato de ocupar-se do castigo em seu roteiro fantasmático, ele é ator, conspirador; executa-o na assunção plena de seu posto sádico.

Reencontramos, assim, conduzidos pelo circuito da agressividade, a teia que vem dar essa particular fisionomia à figura imponente, dilatada, que é o eu grandioso, onipotente, dominador, que se avoluma na fase anal.

Tal circuito nos confirma que esse eu inflado, megalômano, cuja expansividade é propiciada pelas próprias condições do narcisismo e pela presença da dimensão do intercâmbio, apoia-se na noção, *princeps*, da substituição. Neste movimento, no qual seguimos as pegadas da agressividade, o eu – em sua especial configuração –, pressentindo-se desguarnecido, agarra-se à posição de domínio, à tendência a se tornar senhor do outro, conquistada por identificação. O eu sádico ainda humilha, desconhecendo os desejos e os pedidos do outro.

Por sua autossuficiência e autodeterminação, engendradas na organização anal – pelo desenvolvimento do domínio muscular, pela nova possibilidade erógena e particular dimensão libidinal –, o eu acaba

> [...] fechando a boca quando lhe pedem para comer, abrindo a boca ao vômito quando o forçaram a engolir, fechando os esfíncteres ante o pedido materno, abrindo-os audazmente quando se lhe pede que mantenha esse controle [...] (Cabas, 1980, p. 103)

Lembro-me da angústia sem limites experimentada por um paciente, por ocasião do sequestro e morte de uma adolescente. Ele próprio, despótico e violento, mestre em sujeitar seu outro, torná-lo presa cativa, dobrá-lo à rendição, trazia aterrado, devido a essa história real, o horror diante da criança em perigo, o horror frente à vulnerabilidade e à morte. Um corpo refém de um outro que o domina é um corpo que cai sem defesa.

Pelo desejo de conservar incólume uma posição de resistência, pelo medo da morte, presente no medo narcisista do destroçamento do corpo, é que o eu vive nesta tensão de domínio, por meio da qual exige, recusa, ordena, subjuga.

Na fase anal, como campo simbólico onde se sedimenta esse modo de funcionamento do eu, reconhecemos a estrutura agressiva que alimenta a maquinação persistente de duelos contra adversários imaginários, que elabora as estratégias de seus combates e suas artes de defesa. É ela que visa a impedir, controlar todo descentramento, todo e qualquer abalo do eu. É ela que visa a garantir as glórias oficiais e ostentar as patentes de seus feitos heroicos.

Essa estrutura agressiva, portanto, funciona para negar: a dívida para com o outro, a dependência do eu, a alteridade que o constitui. É justamente nas trincheiras da defesa egoica – nas quais operam os mecanismos de inversão, anulação, isolamento – que o obsessivo sustenta sua negação e sua tenaz resistência.

A direção que nos aponta em seus sintomas indica, no horizonte, seu desejo obstinado de contornar os fragmentos, os elementos disjuntos, buscando sempre a experiência da síntese. E se é desse horizonte que nos fala, é porque ali espreita um inquietante sentimento de desmontagem, de inacabamento, de parcialização. Quando procura, então, ressituar-se, recompor-se, quando busca escapar à sensação de estar perdido e desarmado, é quando o vemos tender para a "estabilidade do inorgânico" por meio dos distintos mecanismos com que se defende. Aí reside a paixão conformista que o arrasta para uma vida morta, sem riscos. Aí também vivem a atração pela lógica fria, cujos pensamentos lutam por dar contornos ao nada, e a aderência a um sentimento morno, estável, que lhe garante uma existência apática. Silêncio dos afetos.

Nessa perspectiva, como observou Lacan em sua escuta das neuroses, se a histérica fala de seu sexo, o obsessivo fala de sua existência. A pergunta que insistentemente nos coloca, e que revela todo o seu terror, formula-se articulada a essa oposição: estou vivo ou morto? Pois, em sua paixão pela forma, pelo mundo organizado, pelo tratamento dado ao tempo, pelo qual sonha perdurar, manter-se intacto – muito longe a castração –, não é difícil perceber que "os próprios processos de identificação adquirem uma espécie de rigidez cadavérica cuja animação só depende de um perpétuo jogo de espelhos" (Leclaire, 1977, p. 124).

# 4
# Da clínica: duas observações

Escrever a clínica, por quê?

Escrever para ser admirado, pelo prazer narcísico de exibir algum saber? Organizar a experiência em teoria?

O que busca um psicanalista quando escreve suas histórias de caso, suas histórias de amor e de ódio, histórias de amor e de morte? O que busca quando, em sua escrita, deixa revelar essas histórias de dor, esses gritos em meio ao incêndio: "fogo, fogo!"? O que busca quando escreve o que experimenta, neste jogo essencial do tratamento, que é a densidade, a febre da transferência?

Talvez busque alcançar sua placa de mármore. Freud, sabemos, o confessou. Busca também, sem dúvida, cumprir com seu dever à ciência. Mas, não haverá aí, neste esforço, nesta transgressão[14] a que se obriga, nesta infecção que é a escrita clínica, uma aposta?

Escrever, tornar pública esta experiência na qual espreitam "o morto e o vivo entrelaçados"[15] é, de certo modo, apostar na linguagem, em seus recursos para transmitir.

Freud foi um apostador e tanto. Confiava na contundência da linguagem, na extensão de seu poder, tanto no ofício vivo da análise como no trabalho de transmissão do acontecimento analítico. Acreditava na magia lenta das palavras, mesmo depois de ter reconhecido a destruição dos laços, o poder separador, as ruínas, o rastro da pulsão de morte.

Nem mesmo a convicção do poder demoníaco de Tânatos e o enérgico sentido do trágico que possuía demoveram Freud dessa aposta na escrita, dessa aposta na linguagem.

Sua crença no vestígio que resiste ao tempo, no resto que sobrevive aos lutos, essa permanência de uma marca, de um traço, seu modelo da inscrição, a metáfora do bloco mágico, sugerem essa intimidade entre o inconsciente e a escrita.

Penso nos ensaios clínicos e no que pretendemos com eles. Talvez dar nome a essa "coisa fora do alcance", a isso que insiste sem batismo, que tensiona o corpo do analista, que o rapta em transferência.

---

14 Sobre a questão da transgressão e o princípio ético que fundamenta o escrito clínico e sua publicação, ver R. M. T. Delorenzo, R. Mezan e O. Cesarotto, "Narrar a clínica". *Percurso*, v. 25, n. 2, p. 105-110, 2000.

15 Expressão usada por J. B. Pontalis (1978).

Quantas vezes um escrito clínico não nasce das noites de insônia, da inquietação muda que faz sua ronda na sessão, de um desassossego frente a um silêncio vazio ou demasiado eloquente. Numa via sempre assintótica, nasce para enlaçar aos signos da língua essa desordem, essa invasão que nos obceca ou nos abate.

É pela experiência do excesso ou pela vivência do nada que escrevemos. Quando nos encontramos no deserto, ou quando queimamos no inferno, quando já não podemos pensar, quando já não podemos dizer.

"Talvez só se escreva a partir de uma afasia secreta", diz Pontalis (1991), "para superá-la tanto quanto para manifestá-la" (p. 127).

Nosso trabalho ordinário não se transmite de forma ordenada, linear. Não se trata, em análise, de narrar, fazer a crônica dos acontecimentos. A experiência da análise, seus efeitos que sacodem o analista, que o desalojam, que o modificam, é disso que buscamos nos aproximar com a escrita. A rigor, é preciso vagar entre as palavras, fazer essa marcha ao acaso, entrar na errância que o próprio método aconselha, para chegar perto, com sorte tocar aquilo que nos torna demasiadamente cúmplices ou excessivamente alheios.

Escrevemos, talvez, na tentativa de transformar: dar figura ao desfigurado, soprar o inerte, agitá-lo, dar solo ao nômade.

Foi dessa premência que nasceram os escritos que se seguem. Por sua própria natureza de escritos que surgem das infiltrações da transferência, o leitor não encontrará aqui a sistematização de uma análise, nem tampouco uma apresentação da neurose obsessiva como um relato de enfermidade.

Certamente, essas observações clínicas não expressam uma verdade final, mas sim um testemunho. Exprimem, ainda, um desejo de partilha que possa situar o trabalho do analista mais além de seu sintoma e um anseio de encontrar alguma possibilidade dentro do impossível da tarefa – sempre inconclusa – de psicanalisar.

## Sobre a morte na figura da mulher: objeto inanimado, presença demoníaca[16]

Foi o interesse pela problemática da existência, como tema fundamental na neurose obsessiva, que conduziu meus devaneios ao encontro de fragmentos de uma história clínica, à qual se vieram articular a questão da morte, sua representação enigmática no sintoma e seus efeitos de resistência no campo transferencial.

Dizem muitos psicanalistas que os obsessivos não têm particularidades. Que são apagados, ao lado da cor vibrante da histeria, anônimos, feitos em série, bem-comportados. Legalistas, mais realistas que o rei. Penso, no entanto, na tipologia infinita da neurose obsessiva. Reconheço sua face cinzenta, cheia de obséquios e formalidades, mas penso igualmente nos seres sombrios, quase mortos, nos vermelhos de cólera, nos sábios, nos sarcásticos, nos ar-

---

[16] Essa observação clínica foi apresentada na jornada "O sintoma e suas faces", promovida pelo Departamento de Psicanálise do Instituto Sedes Sapientiae, São Paulo, em 18 de junho de 2005 e originalmente publicada no livro *O sintoma e suas faces*, organizado por Lucía B. Fuks e Flávio C. Ferraz, (São Paulo: Escuta, 2006).

rogantes... Tem muitas faces essa figura humana que, com sua obediência à ordem, faz o mundo funcionar.

Talvez o que irmane esses tipos distintos na figura única da neurose obsessiva seja o sofrimento oculto, sempre dissimulado, a angústia diante de uma brecha, um orifício, uma fratura, que possa vir a macular a perfeição visível: perfeição moral, sentido de justiça, correção ética, vida de sacrifícios.

Parece ser a própria estratégia do obsessivo, que observamos atuando na demonstração dessa discreta singularidade, observada pelos analistas. Pasteurizar-se, normatizar-se, regrar-se para viver neutro, "cadaverizar-se", não o colocaria ilusoriamente a salvo de todas as comoções? A salvo de tudo o que mostre a mera aparência de sua totalidade indivisa? Não é isso que buscam seus anseios de adaptação? Evitar o confronto com a diferença, com o imprevisível, que é a figura de um outro autônomo? Liquidar toda a incerteza sobre a natureza do eu?

Essa estratégia impõe seus efeitos de modo contínuo ao território da análise. A oposição sistemática, aberta ou mascarada, presente pelos gritos ou por sussurros, a racionalização desmedida, a vontade de domínio aí se instalam para que não haja movimento. Mas se nosso paciente se opõe, e um obsessivo se opõe constantemente ao outro que é o analista, é porque esse outro encarna nos fantasmas que o atormentam, uma ameaça a seu eu.

Contudo, se são conhecidos, de forma geral, esses constrangimentos e as dificuldades que a estrutura obsessiva – ambivalente, narcisista – impõe ao campo da transferência é, em particular, sobre as consequências de dois riscos interligados que aí espreitam que quero pensar.

O primeiro diz respeito ao desejo de curar do analista – no que há nele de pretensão de saber – potencializado no duelo contra esse "centro do mundo" que é o eu obsessivo. Em que consiste? Em reafirmar que há sempre um saber perfeito, que se não é o dele, é o seu, ilusão de um saber sem falhas que vem converter a análise numa elaboração conceitual estranha à realidade das pulsões. Se a vontade de curar ocupa o primeiro plano, sem consideração pelo tempo necessário às crises, à perlaboração, às lentas travessias experimentadas como vida, mas tantas vezes como morte, quase não nos diferenciamos do modelo médico instituído cuja palavra de ordem é amordaçar a dor, medicamentar.

Nesses casos, estamos por um fio. Prestes a esquecermos que aquilo que a análise exige não é apenas a invocação das potências do inferno, mas sobretudo a arte de interrogar seus demônios.

Se Freud batizou sua ciência de *Psicanálise*, e se no seu método encontramos o instrumento para dissecar, separar, decompor o que é da ordem do psíquico, as particularidades dessas transferências podem arrastar-nos para o território onde tudo se opõe à meta analítica. Buscamos, então, conservar o mesmo que o paciente defende: a totalidade, a ortopedia, a crença sugestiva, o discurso universal.

Caminhamos assim na direção do perigoso pântano do imaginário. Aqui é fácil perder de vista o verdadeiramente traumático: aquilo que não tem palavras, o terror do esgarçamento do fio tênue da existência. Aquilo a que aludimos diz respeito, do lado do analista, ao fracasso da função do que deveríamos descobrir, do que deveríamos inventar, pois a onipotência da doutrina – fonte estéril do desejo de curar – vem agir como tela racionalizadora para fazer frente ao inquietante que se pressente e se aproxima. Mas aludimos também à função hipnótica da linguagem morta, das palavras neutras do obsessivo, que faz embaçar a cena na qual o próprio analista se encontra.

Falo da relação imaginária e da posição a que nos convoca. Qual é a natureza desse laço que a análise visa a desatar? Mas que – não poucas vezes – vem fagocitar o analista, asfixiá-lo em seu abraço?

Não há como não evocar a lógica anal: as particularidades do outro que aí se configura – estranho e semelhante a um só tempo –, as oposições que nela operam – conservação e destruição, amor e ódio –, a alienação que lhe é própria, portanto a dependência e, por fim, a possessão.

Instaura-se nesse campo dual uma luta de morte pelo reconhecimento de si. Pois sob o presságio do retorno sempre possível do desamparo, na forma da quebra da *gestalt* integrada, pela ausência do outro que a reflete, é preciso, então, vergá-lo às condições absolutas do desejo, torná-lo cativo, submetê-lo a uma única razão.

Nessa lógica, quando tornamos o outro apenas um semelhante, quando o transformamos apenas num lugar da projeção de si e fazemos disso objeto de gozo e de domínio onipotente, estamos em pleno funcionamento imaginário com seus fenômenos de ilusão, captura e engano.

Para um obsessivo bem talhado, a rigor é quase impossível conceber a existência do próximo como um outro. O ato de fazer laço com alguém, falar *com*, está ausente. Fala-se somente consigo mesmo, através do atalho do outro.

Isso diz do que acontece quando somos dois, enredados no domínio narcísico ilusório do campo da transferência, em que o analista, por mais que saiba que servirá de objeto, vem ceder aos fantasmas do analisando, confundindo ele próprio o reino do imaginário com a produção simbólica autêntica: produção psíquica – sonho, palavra, criação – que venha a ligar o excesso de angústia de uma vivência mortal.

Vejamos como isso operou numa particular experiência de análise. Elaborados com os restos de memória analítica, sem registros concretos – rabiscos ou anotações –, esses fragmentos tão conservados só ganharam sentido e contorno de relato muitos anos depois do acontecimento da análise.

Recebi anos atrás um homem de meia-idade que buscava consultar-se por um sintoma exasperante, cuja razão desconhecia. Via-se traído, perturbado, sobretudo contrariado, diante da evidência de um lapso: o nome de sua mulher viva, inesperadamente e sem que pudesse evitar, se substituía pelo nome de sua mulher morta. Surpreendido por essa infiltração, pela denúncia de uma fresta aberta, um calcanhar de aquiles em sua reforçada estrutura, queixava-se de uma crescente ansiedade. Foi-se o equilíbrio, dizia, a harmonia tranquila do corpo...

Alude, no momento das entrevistas, à insistência desse lapso que o persegue como um soluço que o exaure. Quando irrompia em sessão a intromissão inegável do nome da outra, não suportava ceder ao seu domínio, pronunciá-lo contra a vontade. Não tolerava tampouco que eu o percebesse.

Escapava-lhe o sentido dessa troca sinistra, fugia-lhe a causa para um incômodo tão devastador. Como se explicar agitado e aflito, ele, que com tanta frieza tratava os assuntos da morte? Ele, que sempre encarou seu fenômeno natural de forma objetiva e eficaz? Que tão bem desincumbiu-se dos ritos dos funerais?

É que nesse ponto se encontrava o mais terrível: pelo nome da mulher morta se insinuava o mais funesto.

Não eram as dores do luto que o visitavam ao explodir seu lapso, a melancolia da perda, a nostálgica idealização do objeto.

Não. Com violência, pressentia a chegada de algo distinto. Via-se atacado de dentro e, desnorteado, fazia esforços descomunais para negar a entrada do que havia de mais íntimo em seu sofrimento.

Tampouco penso que a força de seu mal-estar pudesse residir, de forma linear, nas particularidades dessa morte: o penoso desdobramento da doença, seus intervalos, as alternâncias entre a esperança e o desengano, o tumor acelerado, desembestado, que destruíra os pensamentos. Se esse último elemento teve potência o bastante para que o lapso se convertesse num tumor irrefreável, não foi pelo medo à doença – em si tão natural –, mas pelo valor fálico com que envolvia seus pensamentos. Ele era "o" pensamento.

Exibia orgulhoso as astúcias da razão, um discurso organizado e precisa articulação. Gabava-se do raciocínio impecável, do talento para os cálculos, da precisão da memória, da grande concentração. Seu eu, ideal, comprazia-se na proficiência das ideias que manejava com lisura, achava-se a salvo na argumentação.

Mas o que pode provocar, nesse eu soberano, o sobressalto de um lapso! Esse desconhecido que o sacode, que quebra a cadeia dos pensamentos, que desconcentra, que o desconcerta, é demasiado desorganizador.

A impressão que em mim persiste é que aquilo que só aos tropeços se insinuava e que interveio na forma de um lapso, lapso-câncer, foi essa representação do horror, inquietante representação que se enlaça à angústia mais violenta, sempre que se vislumbram os incertos limites do Eu.

O nome que insistia em seu lapso, o próprio lapso, lhe antecipava a perda da forma, mas sobretudo da forma que organiza o pensamento, sua lógica, suas conexões defensivas, suas racionalidades. Expressava a impossibilidade de elevar qualquer barreira racional, segura, contra a proximidade de um outro.

O que se avizinhava mais parecia a experiência do sinistro, na figura de algo que irrompe para desfigurar, fragmentar, como um duplo que exibe no encontro marcado o reflexo de um eu sem contornos.

No exame retrospectivo dessa análise, parece-me que a hipótese sobre o sentido do sintoma já estava esboçada na época, mas a questão é que, na rede em que permanecia capturada, não lhe prestei a devida atenção.

Assim, a angústia que para esse obsessivo evocava o impensável de um corpo se desfazendo (ansiedade) e de um pensamento em dissolução (lapso) não pode ser tocada pela interpretação. Não houve palavra que produzisse efeito de ruptura na estagnação transferencial.

No plano da análise propriamente dita, não pude conquistar a abertura necessária para que chegássemos a um ponto em que aquilo que o embaraçava – por demais perturbador – pudesse apresentar-se e ser apanhado no excêntrico de sua natureza inconsciente e nos efeitos que reverberavam em seu corpo. Tanto o lapso que desfaz a lógica do pensamento como a ansiedade e sua aceleração foram para o sujeito a própria encarnação do risco de se dissolver.

Podia descrever-me as minúcias de sua ansiedade – a velocidade de seus batimentos, sua respiração ofegante –, discutir a ineficácia da psicanálise para combatê-la e a eficiência dos psicotrópicos para saná-la. Mas vivê-la ali, essa iminência de um colapso, ligar a inundação que me descrevia a verdadeiras palavras, juntar afetos e representação, isso nunca aconteceu ali.

A vivência do sinistro que insistia – por mais que se desejasse emudecê-la – não poderia ter permanecido ignorada, sob pena de se perder a descoberta do mais traumático, marca íntima e singular da experiência de morte, marca que, nesse caso, permaneceu encoberta pelos artifícios dos discursos de defesa.

Recordo aqui, sob o efeito dessas lembranças, o alerta de Leclaire a propósito dos perigos de nosso ofício, quando considero a densa atmosfera a que se vê exposto o analista na análise de tantos obsessivos. Como disse antes, quantas vezes não se cede ao duelo, à hostil provocação? Quantas não nos defendemos em oratórias interpretativas, tão hábeis e consistentes quanto suas faculdades de réplica e argumentação?

Quanto a meu paciente, fiquei a dever silêncios onde introduzi palavras vãs, deixei de lado perguntas que poderiam contornar sua soberba, dar passagem por atalhos mais abertos à emergência da falha que o consumia. Se ele se empenhava em anular o vigor das ondas de afeto que poderiam ganhar realidade dentro da sessão, não pude, eu também, aguardar, acolher esse fantasma de desfazimento, percebê-lo na angústia, nos sobressaltos do corpo. Se isso se impunha – espreitá-lo no sintoma, recebê-lo, nomeá-lo – é porque o real que irrompe com violência e faz sua aparição no corpo o faz justamente porque "as palavras não podem falar diretamente nem do sexo, nem da morte" (Leclaire, 1977, p. 20). Não foi essa descoberta que Freud nos deu a conhecer, quando examinou os esquecimentos, os lapsos, os erros, as imprecisões do discurso?

Cuidado com o eu, diz Leclaire. Para sustentar uma fala viva, é preciso vigiar o imaginário, o narcisismo. Esse é o perigo que espreita na análise, e que envolve os parceiros: ceder aos encantos da coerência, do saber estéril que ignora o desconhecido. É preciso fazer saber ao obsessivo que é só com o naufrágio de seu monumento que poderá falar verdadeiramente. Ao manter seu ideal de solidez, ao resistir em sua virtualidade, impede-se de alcançar a verdadeira língua, impede-se de desejar. Mas também é preciso fazer saber ao analista que somente esquivando-se a esse canto enganador das palavras feitas é que poderá alcançar "o fantástico ou extraordinário" da presença do horror, representada na figura maior da morte.

É isso que teríamos que ter posto em evidência, sob pena de ver "a linguagem aniquilada enquanto a palavra continua a raciocinar sem ressonância, a explicar para convencer sem poder doravante se fazer ouvir" (Fédida, 1986, p. 629).

## A muralha e a possessão: figurações do mortífero em um obsessivo[17]

Freud, em 1909, assim escreve em seu trabalho sobre o Homem dos Ratos: "Para resolver os seus conflitos, os obsessivos precisam antes de mais nada, da possibilidade da morte" (p. 342). Sem ela, diríamos, o obsessivo vive por procuração, sempre em nome de um outro, que lhe demanda sem parar, e a quem obedece sem medir.

Nesse tempo, a morte no obsessivo, está ligada ao desejo reprimido e à culpabilidade inconsciente, elementos que pulsam no coração da cena edípica. Nesse tempo também, o trabalho de interpretação opera: decifra, decodifica, constrói o fantasma e a história do sujeito.

Mas a temática da morte em Freud, já presente em seus estudos nosográficos e etiológicos – como angústia consciente de morte – quando teoriza sobre as neuroses atuais, alcança novos desdobramentos e ganhará sua última formulação teórica na concepção elaborada em 1926, quando Freud, num movimento em que relativiza suas postulações anteriores, vai conceber a angústia de morte como análoga à angústia de castração.

No entanto, anos antes, no período que se estende de 1914 a 1920, vamos encontrar as elaborações mais fecundas e verdadeiramente decisivas para sua teoria, na intuição sobre a gênese da angústia de morte, para além da castração.

---

17 Publicado originalmente no livro *A clínica conta histórias* (São Paulo: Escuta, 2000), organizado por Lucia B. Fuks e Flávio C. Ferraz.

Em seu estudo sobre o narcisismo, no artigo sobre o luto e em sua teoria narcísica do ódio, Freud nos indica os eixos em que pode se assentar a angústia mais candente. As polaridades que compõem o eu/não eu, o fora e o dentro, a unidade e a fragmentação, a completude e o vazio, o amor e o ódio, cobrem o campo de seus ensaios, deixando entrever as âncoras da angústia de morte.

Mais além, o tema da morte segue em sua produção e ganha a dimensão que tudo subverte, quando, em 1920, enuncia a pulsão de morte. A partir desse momento, até *Análise terminável e interminável* (1937), Freud não cessa de constatar aquilo que faz resistência ao modelo original da análise, figurado no poder da palavra interpretativa. Esta deixa de operar quando o conflito, antes na neurose, representado, suscetível de elaboração, agora em outro domínio repete-se no presente, escolhendo o corpo ou a realidade, como espaços privilegiados de ação.

Assim, confrontado à extensão dos fenômenos repetitivos, desafiado pela reação terapêutica negativa, que como força irredutível escapa à eficácia da interpretação, Freud se apossa desse referente – construto, especulação, mito originário? – para indicar como toda a lógica do prazer-desprazer pode ser recoberta por um princípio que – quando impera – age anulando as leis da economia libidinal e narcísica promovendo o desligamento, num poder separador. Conhecemos, sem dúvida, as inúmeras figurações simbólicas da morte, tudo o que a experiência analítica nos ensinou sobre suas equivalências, assim como, no que diz respeito à pulsão de morte, são também bem conhecidas as formulações que tentam representá-la: comportamento agressivo destruidor ou autodestruidor, estados de apatia, o excesso de excitação que exige o *acting out*, o excesso de vazio de excitação, branco do pensamento, branco do afeto, formas clínicas onde os limites do analisável tornaram o analista mais sensível a seus efeitos.

E embora hoje as formas de destrutividade não intrincadas nos façam pensar numa dimensão específica de nossa clínica – como o são os casos limite e as estruturas narcisistas – nenhuma estrutura psicopatológica está resguardada desse processo radical de fragmentação, de ruptura e também de clausura, a que seu caráter de repetição imprime a marca do pulsional.

Assim, essa força de morte, nós a encontramos atuando na neurose obsessiva mais clássica, constituindo ainda para o analista, um desafio.

Foram as imagens de conjunto de um curto processo de análise que num primeiro momento me levaram a situá-la naquilo que chamei de *morte como abrigo do eu*. Depois, tentei vislumbrar sua ação nesse laço secreto com a figura da mãe, num pacto mortífero que habita o próprio eu.

Os desenvolvimentos que se seguem devem muito a autores que se preocuparam com o tema do narcisismo e com a problemática geral das relações do ego com as potências de morte. Dessas fontes, sou grata, sobretudo, aos estudos de Leclaire e Pontalis.

## A muralha: o campo da observação

Se, até aqui, contei rapidamente a história de um tema, passo agora à narrativa de outra história. Fragmentos clínicos, fragmentação do eu, pavor da dissolução. São reminiscências de uma análise, história transferencial.

Passemos a ela.

Recebo uma primeira vez esse homem de meia-idade, que permanecerá ali, durante todo o tempo em que vier, taciturno, cabisbaixo, com jeito de pouca conversa.

Conta-me, em seu estilo lacônico, fragmentos da história oficial: um pai morto, uma herança mal dividida, litígio em família. Para ele, é aí que reside o núcleo dos problemas a resolver: a ligação impossível com as mulheres ferozes de sua família. Evita, ao máximo, encontrá-las. Se acaso se infiltram em seu discurso, não pode tolerar dar-lhes corpo, nome, fazer-lhes menção. Por isso, não fala delas, evitando o risco de vir a tocá-las por meu intermédio.

Sobre o sintoma, sente-se em perigo. Está frágil. Um círculo perfeito se abriu, algo escoa por essa brecha.

Já nesse primeiro encontro, apanho uma malha de palavras. São as que darão o tom das repetidas situações de usurpação, que se espalham no conjunto das sessões e que marcam o campo transferencial: o assalto, o desfalque, o prejuízo renitente. Por fim, o desastre e a demolição.

Mas, mais do que pelas histórias que conta, sou atingida por certo ritmo, pelo pântano em que se move, ora fazendo submergir as palavras, ora proferindo-as com economia.

Eu o observava muito, querendo apreender essa figura sombria, que me parecia mergulhada numa sensação indescritível de pavor, de estarrecimento, como se fossem levar tudo dele, suas coisas, sua vida. Em seu isolamento, via-o diante de um deserto, de um mundo despovoado. Seus olhos, indescritíveis. Densos, lodosos, jamais tinham vida. Posto a descoberto, pela fenda aberta em seu círculo, condena-se à solidão.

Apesar de tudo, essa análise se inicia.

Difícil, entrecortada, em seus relatos concisos, vou garimpando certos temas: falamos da legião de credores e gananciosos, onde perigosamente posso me incluir; falamos de sua clausura, do retraimento em seu casulo diante da ameaça iminente; do esgotamento, da perda de si em sua obrigação desmedida de desempenhar. Nesse tempo, há muita angústia, uma aterradora impossibilidade de comunicar-se.

Era comum que iniciasse suas sessões dando-me notícias de seu sono. Se dormiu bem, se dormiu mal, se custou a adormecer. Sem falar nas vezes sem conta em que cochila, sentado em sua poltrona, despertando sobressaltado, tomado de um entorpecimento mortal. Essa figura do horror diante de um outro, o mimetismo com a morte, sua respiração inaudível, suspensa no ar, cada vez que a presença de alguém era de novo percebida, lembrava-me constantemente a força do texto de Leclaire sobre Jerôme, a propósito da morte na vida de um obsessivo.

Assim escreve Leclaire (1977a):

> Jerôme é como aquele general que conhece perfeitamente e nos mais ínfimos pormenores a cidade que está a cercar e que tem que ocupar; sabe exatamente o que tem a fazer para o conseguir... mas fica imóvel como uma estátua. É assim que as pulsões de morte paralisam um general e o impedem de passar ao ataque... Fez cinco anos de excelente cativeiro, sem nunca pensar em fugir... Mas um dia, no meio de uma grande desordem, Jerôme foi libertado e durante algum tempo errou pelas estradas à procura de um centro organizado. Foi nessa altura que teve um encontro aterrador: na mesma estrada, mas em sentido inverso, vinha um homem; embora tivesse aspecto de militar, o seu uniforme compósito não deixava

adivinhar se era amigo ou inimigo. Jerôme levava alguma comida e uma pistola; o outro homem também. Vêm-lhe à cabeça, em turbilhão, muitas ideias ao mesmo tempo; abranda a marcha, para um momento... O outro aproxima-se, também parece hesitar; em volta deles, o campo está deserto... Quando estão a pouco mais de cinco metros um do outro, o outro começa a falar: é alemão e esconde-se para viver. Mas ele não quer nada e ambos podem continuar seu caminho... Jerôme está transido de medo. Pensa: com certeza vai disparar, para que não o denuncie, para me tirar o uniforme, a comida. Não ousa sequer voltar-se nem se atreve a correr... O que de fato acontecera nessa estrada é que Jerôme se apercebera de que estava só, quase desarmado, e que não tinha podido trazer o seu túmulo. (p. 125-126)

Mas, em nosso caso, essa imagem do soldado em pânico, a descoberto no campo do inimigo, que pode tirar dele a roupa do corpo, o pão e a arma, cede lugar ao tirano. Se vacilar, se não for duro, exato, inflexível, acontecerá o acidente. Aparece agora o déspota. Expulsa, despacha, enxota, põe a nocaute todos os seus outros, exigindo um cumprimento rigoroso de suas condições absolutas.

Na análise, a angústia cede à indiferença. Não me responde, retira-se, apagando minha presença. Mas estamos mesmo em outro momento.

Ao olhá-lo, esse homem de chumbo, pesado e frio, mais parece um menino, por vezes triunfante, por vezes contrariado, distraindo-se com o cordão de seu casaco, enquanto aguarda, solitário em sua poltrona, a fabricação de seu pensar, para decidir se fará ali o depósito de sua fortuna. Vejo-o intensamente entretido: meneia a cabeça, faz trejeitos com a boca, as sobrancelhas se alçam, completamente absorto no vaivém de suas ideias, que se nega a me comunicar.

De qualquer forma, é um silêncio ocupado, eloquente, muito diferente do horror de antes. Se há amuo, rebeldia, há jogo sexual. Ligação, laço, fusão pulsional.

No entanto, quando começo a falar, seu corpo se fecha como um molusco, reduz-se, como a armar-se para fazer voltar feito bumerangue o dardo das palavras que o irá ferir. Outras vezes, essa retração é a retração para o sono, que desde o início nos acompanhou.

Mas essa foi, sem dúvida, a modalidade mais suave que esse campo de demanda nos infringiu na repetição transferencial. Diria mesmo que esses foram momentos de trégua, intervalos de alívio que nos separavam do horror do resto, do horror da morte.

Sua presença na análise me fazia crer que havia ainda uma porta aberta. Minimizei nesse tempo o seu "sempre fui assim", com o qual parecia querer convencer-me de que estava morto para sempre, de que já estava tudo posto, de que não havia futuro, somente um passado a liquidar.

Assim, quando abria seu recinto fechado, onde dormitava silencioso, pude ouvir seus apelos, ora débeis, ora densos, um "vim para catar os cacos", que me fazia apostar nele, acreditando na permanência dos momentos de ligação.

Mas esses foram fugazes. Quando iniciava qualquer liga, um sonho, uma lembrança, alguma reminiscência que o inserisse em sua história, quando juntava uma coisa com outra, quando fazia doer sua pele insensível, na sequência, logo surgia o colecionador. Empenhava-se, então, em organizar, classificar, separar, dividir, guardar. Para, enfim, esquecer-se nas caixinhas etiquetadas, como os parafusos de sua coleção.

Esse talento ele o mostrou muitas vezes. Não só nos relatos dos episódios da vida, mas no vivo das sessões. Muito cedo o percebi, agindo nos desmentidos sucessivos que fazia de suas histórias contadas, nas negações dos sentimentos confessados, no espanto com que me olhava quando lhe fazia às vezes de memória. Tudo desconhecia. Tudo lhe era alheio.

E assim, quando diante de algo de forma incerta ou em desconformidade com seu ser de normas, retraía-se para seu universo sombrio, rompendo todas as conexões.

A questão que nos coloca meu paciente e que o enche de pavor, de que esteja destinado ao mesmo que seu círculo, que primeiro se fratura, para depois escoar seu conteúdo, não é, então, uma questão sobre a morte? "Não sinto nada", me diz. Estará vivo? Estará morto?

Não sem razão, seu maior desejo é o de encontrar meios de garantir total segurança contra acidentes, dosar com perícia os materiais duros, resistentes, para proteger a fragilidade angustiante de seu corpo em frangalhos.

Nada: concreto armado, estruturas de ferro, peças, parafusos; nada será para ele suficientemente pesado, suficientemente seguro, "para esconder o que não se deve ver, para impedir que se espalhe o que se deve guardar e esconder" (Leclaire, 1977a, p. 119).

Assim, em suas metáforas, é do terror obsessivo de dissolver-se ao romper sua armadura que nos fala. Ele é a própria casa retalhada em lojas, de seu sonho, ao mesmo tempo em que é o vigia insone de sua demolição.

Mas, para perdurar sem riscos, sem queda que o torne mortal, para erigir-se na unidade ilusória de seu ser, pende na direção do mortífero e é aí que tenderá a abrigar-se.

Assim, é em sua couraça que o vemos aderido ao impulso de morte que – na tentativa de eliminar todas as tensões – se exerce, separando, isolando, anulando, agindo sobre a zona de horror de seus afetos, ao preço de tatuá-lo com a máscara mortuária que vejo recobrir seu rosto, agora, desfigurado.

Por fim, morto para não morrer.

## A possessão: o campo da transferência

Num pequeno trecho do livro de André Green (1988), *Narcisismo de vida, narcisismo de morte*, encontrei a seguinte afirmação:

> A transferência não é mais um dos conceitos da psicanálise a ser pensado como os outros, ela é a condição a partir da qual os outros podem ser pensados. E, da mesma maneira, a contratransferência não se limita mais à pesquisa dos conflitos não resolvidos – ou não analisados – do analista, capazes de falsear sua escuta; torna-se o correlato da transferência, caminhando a seu lado, induzindo-a às vezes e para alguns, precedendo-a. (p. 21-22)

Cito-o porque é essa concepção deste par instituinte do espaço analítico que torna possível compreender, localizar o grande desafio em que se constituiu essa análise.

Retomemos, então, o campo clínico.

O vínculo que nos constituía ali, analista e paciente, era tenso ao extremo. A imobilidade constante, sua mudez angustiada, seu sono, encurralavam-me, tornando nossas presenças mutuamente intoleráveis. Doíam-me os ossos, os músculos, todos os tendões. Curioso, também meu corpo ficava em frangalhos. Parecia-me que ele estava inteiramente ocupado em exercer uma força ativa – embora muda, silenciosa – sobre, contra mim.

A isso, experimentando uma sensação de limite, mais de uma vez reagi. Era, então, compelida a lhe falar sem saber antes o que iria lhe dizer. E agora, era eu a forçar. Queria dele as palavras, ainda que fossem ameaça, desprezo, maldição. Eu queria as palavras, seus sonhos, seus segredos. Sem eles, como tecer em meu ofício?

Ouvi bem os conselhos de Leclaire (1977a), citando Lacan, sobre como sustentar a posição de analista nesses casos. Finja-se de morto! – é a única maneira de fazer com que um obsessivo abra a tampa de seu túmulo e atreva-se a falar.

Sem dúvida, assim é, quando adivinhamos ali, resistências a um processo em movimento, analista instituído, suposição de saber.

Mas, com minha função de intérprete arruinada, com a função de suporte sistematicamente apagada, no corpo a corpo de um vínculo sem mediação, como?

Conhecemos o amor ao sintoma, tão caro à neurose, bem como a resistência de inércia que se opõe àquilo que pode alterar o equilíbrio de sua organização. Mas aqui "[...] já não se trata de inércia, mas de uma força sofrida e exercida: ação-reação" (Pontalis, 1991, p. 71). Na transferência, o agir; na contratransferência, a urgência de curar.

Lembro-me agora de uma pergunta formulada por Pontalis (1991):

> Caberá ainda falar de transferência onde ela deixa de ser uma metáfora, um transporte, onde não há mobilidade das representações, mas se institui uma relação com o objeto em que toda a energia psíquica do sujeito parece se investir? (p. 62-63)

E ainda:

Nessa defesa em que prevalece o par ação-reação, qual é a fantasia atuante, qual é a ilusão, ou melhor, a convicção oculta? Quais são os afetos mobilizados? (p. 63)

Certo dia, logo no início, ao vê-lo sair tão amargo, abatido e desconfiado, pensei: "Ainda vou arrancar-lhe um sorriso." Meu desejo logo se dissipou, perdeu-se aparentemente na densidade da experiência. Contudo, de algum modo, atraiu para minha memória os fragmentos de um conto de Poe, incluído na série das suas *Histórias extraordinárias, de terror, de mistério e de morte*. Seu nome é "Berenice".

Esses cacos, pedaços de literatura esquecida, surgiram primeiro isolados e só lentamente se completaram num conjunto, oferecendo-me a metáfora com a qual pude pensar meu paciente.

Retomo aqui, brevemente, alguns aspectos daquela narrativa[18], pois nela me vi – e nisso alternava com ele meu lugar – como protagonista da violência sinistra perpetrada sobre um túmulo.

Egeu era um ser lúgubre, sombrio, voltado para a solidão. Enterrado nas mais penosas meditações, encarcerado em seu próprio eu, estava em plena maturidade ainda preso à mansão de seus pais. Junto com ele, na mesma casa, crescera sua prima Berenice: ágil, graciosa, de exuberante energia. Sempre o amara, embora Egeu não conseguisse nunca definir seus sentimentos.

---

18 A síntese apresentada é uma adaptação livre do conto de Poe.

Um dia, uma doença fatal atingiu-a como um vento maléfico.

O mal tomara-lhe não só o físico, mas o caráter, a personalidade, os hábitos. Eram ataques como os de epilepsia, que não raras vezes terminavam em catalepsia. Iam e vinham. Destruidores, cada vez mais.

Enquanto isso, a própria doença de Egeu rapidamente o possuía. Descreve-a como uma nervosa intensidade da atenção, do interesse por alguma coisa, que o obrigava a meditar infatigavelmente durante horas. O mesmo objeto ocupava sozinho sua mente. E Egeu desenvolvia em torno dele toda espécie de ocupação. Era o seu centro. Uma ideia fixa.

Nesse tempo, mantinha-se em absoluta imobilidade corporal. Perdia toda a sensação de movimento ou de existência física, em virtude de uma absoluta quietação do corpo, prolongada e obstinadamente mantida.

Certo dia, frente a frente com Berenice, é afetado pela última de suas obsessões. Diante dela, com o olhar preso em sua boca, paralisa-se. Havia em seu sorriso, mas sobretudo em seus dentes, um elemento de fascínio, um mistério que o atraía e que o fazia cobiçá-los.

> Ah! – diz Egeu. Antes nunca houvesse Deus me deixado ver tal coisa. Que tivesse morrido ali naquela hora [...] Aquela brancura e aquele sorriso estavam destinados a ocupar minha memória por horas, dias, meses. Talvez pela vida toda. Os dentes! Estavam em toda parte [...] Ali mesmo comecei minha luta contra a monomania [...] Mas lutei em vão. Era forte, estranha, irresistível a influência [...] E me pareceu, dali por diante, que só os dentes, a posse dos dentes de Berenice poderia me restituir a paz.

Isso durou até uma noite em que um grito de horror e desalento o despertou. Berenice morrera. Preparava-se o seu funeral para o pôr do sol.

Com o coração cheio de angústia, dirigiu-se para o quarto da prima e ao aproximar-se do leito viu o dedo de Berenice mover-se debaixo da mortalha. E também os lábios lívidos se torceram num sorriso. Através da moldura melancólica, os dentes brancos, terríveis, vivos, demasiado reais.

Egeu sai correndo do quarto e se tranca em sua biblioteca. Mas entre esse momento e a meia-noite – quando lhe parece acordar de um sonho confuso – desse tempo intermediário, não lhe sobrava memória. Havia recordações vagas de um ato que praticara. Mas qual?

Nesse momento, pálido, entra em seus aposentos um criado e lhe fala de um túmulo violado. De um corpo desfigurado, respirando, ainda vivo. Apontou para suas roupas: manchadas de lama. Apontou para suas mãos: manchadas de sangue. Egeu lança um grito. Então, escorrega de suas mãos uma caixinha, que cai e se faz em pedaços. Junto, rolaram pelo assoalho 32 minúsculas peças brancas. Vivas, demasiado reais.

Ali estava no conto, aquela mesma atmosfera que eu tão bem conhecia: tensão e limite. Pouca circulação de sentido, controle e vigilância recíprocos. Posse do corpo, domínio do pensamento. E a angústia. Angústia ligada a uma usurpação traumática e na figuração do conto, usurpação sangrenta, vermelha, violência da violação.

Mas o que naquele homem imóvel, que dormia diante de mim, fez brotar tão vivamente em minha memória o sinistro?

Aliado ao conto, um sonho parece nos indicar uma trilha. Esse sonho, que diz ser recorrente, é também um sonho de angústia. Nele, a casa da infância está ameaçada. As casas vizinhas já estão derrubadas. De um quarteirão inteiro, sobra apenas a sua, que está também condenada. Mas, ele constrói um portão firme e bem alto e no final, consegue salvá-la.

Esse sonho abriu para sua análise – ainda que como um relâmpago – o tempo de sua infância. Que encontra ele nessa casa, naquele tempo? Se era um sonho repetitivo, o que nele insistia? Por que dele não se separava? Lembrei-me do texto de Maria Laurinda[19], em que ela, a propósito do tema dos sonhos, também citava Pontalis: "Sonhar é, em primeiro lugar, tratar de manter a união impossível com a mãe, preservar a totalidade indivisa..."

Que teria ele a conservar, a manter inalterado?

Quem sabe, um templo de consagração. Pois, fala-me da impecável construção e projeto desta casa. Que embora, hoje, dividida em lojas, conserva ainda seus jardins internos, com os mesmos odores de antes, mantendo o espaço de moradia. E ele continua a habitá-la, guardião como no sonho, com os pés fincados nesse espaço.

No entanto, logo, essa memória singela, nostálgica, vai deslizar para uma outra, mais atual, dolorosa, verdadeiramente bélica. A história da casa herdada – de usufruto da mãe – cujo território reivindica, em cujo solo se adere, é uma história velada. Não me dá, totalmente, a conhecer.

---

19 Remeto o leitor ao artigo "A experiência de sonhar: o prazer de existir", de Maria Laurinda Ribeiro de Souza, no livro A *clínica conta histórias* (São Paulo: Escuta, 2000).

Mas é certamente em torno dela que, na realidade objetiva, a relação entre eles assume as feições de litígio em que o ódio vem se instalar. Foi aí que apareceu a força de sua linguagem e também a de sua ação: é aí que surge o massacre, o sobrevivente, a briga judicial. Também é aí que se mostra, enfurecida, a potência das forças em jogo, onde toda a energia se represa: quem se tornará senhor do outro?

Ao preço de impedir a realização de seus planos próprios, mudar-se, porque isso envolveria a confissão à mãe do que antes lhe escondera – suas próprias posses – imobiliza-se nesse território que lhe é alheio: estranho e familiar. Permanecer, quem sabe, é conservar a esperança de fazê-la dobrar-se, recusar sua traição.

Fúria odiosa? Paixão desmedida? De que se trata? A que não pode renunciar?

De certo modo, o que esse sonho vem indicar, bem como o conto, em seu impacto sobre mim, aquilo que retorna maciçamente no corpo da análise, é a presença de um vínculo por demais estreito, de amor, de ódio, já não sabemos mais. A presença de uma relação secreta, enlouquecida, com um objeto de atração e repulsa, onde não pode mais haver distância. Um objeto – mãe que o viola, mãe que ele possui – que deve continuar sempre disponível, indestrutível, como que a garantir-lhe sua própria permanência.

Volto às palavras de Egeu: "Só a posse dos dentes de Berenice poderia me restituir a paz!". Na morte, na posse, único lugar de existência.

Mais uma vez, ouçamos Pontalis (1991), quando nos fala dessas pessoas, cujas coordenadas da análise muito se assemelham à experiência que, agora, procuro evocar:

Pensando em Fabienne e em outros, não falarei aqui em identificação: a palavra, com o que pressupõe de um mínimo de distância, de folga entre dois sujeitos, seria fraca demais. Falo em possessão: possessão por um corpo estranho interno que invade incessantemente, que violenta sem trégua e que exerce sua dominação de dentro, como se a mãe fizesse as vezes de uma pulsão; daí, em contrapartida, um esforço enfurecido de possuir esse corpo estranho, de controlá-lo, também incessantemente e sem trégua, colocando-o do lado de fora [...] (p. 64)

Nesses casos, como sugere Pontalis (1991), a interpretação como doação de sentido por um terceiro introduz uma distância no excesso de ligação com a mãe, distância essa que o paciente procura reduzir. Pois, se não há possibilidade de ser para si próprio, se no si mesmo há apenas o Outro, a interpretação, o movimento da análise que ela possibilita, é sempre risco.

E, ao refletir sobre o fracasso desses processos, nosso autor invocará a noção freudiana de reação terapêutica negativa. Retomo-a agora, para finalizar, menos como fracasso da análise que sobrevém ou se acentua no fim, mas como impasse que veio colocar a situação analítica no registro da ação-reação.

Desejo retomá-la na mesma direção em que o faz Pontalis (1991), quando a desmembra, mostrando aquilo que tem de ambíguo, de abertura, no que sua própria construção de linguagem o indica: reação terapêutica, ideia de uma reação, por meio da qual o sujeito tenta se assenhorear de si, na luta por se desfazer da dominação do outro. Negativa, recusa de curar.

Se nessa perspectiva meu paciente reagiu à análise, não foi apenas para impedir aquilo que do analista viesse a se intrometer nesse domínio secreto, introduzindo distância num território ocupado. Foi mais: deixou ali, no vivo da transferência, essa pergunta sobre o que é resistir, afirmando - quem sabe - sua recusa à brutal experiência da intrusão.

Então, que fazer diante dessas operações violentamente corrosivas da morte no trabalho?

Como pensar o que se infiltra em nosso ofício, esse excesso do analista: seu agir, sua fúria de curar, seu desejo de ligar? Pois, a rigor, nada nos garante que ao reagirmos à "recusa de cura" não prevaleça o que é reação terapêutica. Mas, convirá condená-lo à morte, a esse desejo?

A propósito, é o mesmo Leclaire (1997b) quem nos diz, sobre Teresa, a paciente dos sonhos de extermínio e devastação:

> Se é difícil apreender conceitualmente a pulsão de morte, temos pelo menos na angústia, a experiência de sermos agarrados por sua força; precipitados em um desatino subjetivo, o único recurso de que dispomos é o de uma reanimação boca a boca, corpo a corpo, palavra a palavra, das representações conscientes, ou melhor, libidinais. (p. 55)

Uma última palavra: algum tempo depois de sua despedida, meu paciente volta a me encontrar, para saldar um resto, que ficara para trás. Entrega-me o dinheiro e finalmente sorri.

# 5
# Do santuário ao sacrilégio: da mãe que se tem à sedutora perversa

"Reanimação boca a boca, corpo a corpo, palavra a palavra..." Esforço que empregamos na falta das metáforas para dizer o ódio, enquanto este não conseguiu amarrar-se ao erotismo nem ao amor; quando ainda não figurou na fantasia, nem tampouco no laço ambivalente.

Neste estado errante, se toma a forma de palavras, elas irrompem como palavras que matam, mandatos que ultrajam, que usam a língua para bramir, para bater-se com, para chocar-se contra..."²⁰ Terrível destruição que vem estilhaçar tudo: vínculos e identificações, a imagem do corpo próprio, a própria vida psíquica.

Empregamos, ainda, o mesmo esforço quando o ódio, no caso das obsessões, se insinua para desatar, desunir, deixar pedaços mutilados em seu rastro, membros esparsos que não mais reconhecem seus corpos; dissolvem-se as conexões, um ato suprime o anterior, abolindo-o. Entre o mundo moral e o depravado, entre o puro e o maculado, o hiato. Na defesa contra a pulsão, interdita-se o contato. Nem afeto com representação, nem pensamento com pensamento.

20 É interessante observar como desde muito cedo, já na correspondência com Fliess, Freud tinha estabelecido, de forma clara, a relação entre o inconsciente e a linguagem. Na carta de 22.12.1897, apresenta a neurose obsessiva como o campo onde o inconsciente irrompe precisamente em uma forma puramente verbal – que nenhuma imagem pode representar. Dirá: "Com respeito à neurose obsessiva, encontrei uma confirmação de que o local em que irrompe o recalcado é a representação de palavra, e não o conceito ligado a ela (mais precisamente, na memória da palavra). Daí serem as coisas mais díspares prontamente reunidas numa ideia obsessiva, sob a égide de uma só palavra de sentidos múltiplos. A tendência à irrupção se vale dessas palavras ambíguas, como se matasse vários coelhos de uma só cajadada" (p. 288).

Mais tarde, no "Homem dos ratos", Freud confirmaria essa intuição de 1897, quando mostra a existência deste inconsciente literal. Indecifrável para o sujeito, rebelde a toda consciência, brota em sua fala, sem que o sujeito saiba de onde vem, nem o que é que quer dizer. O obsessivo, falado por seu dialeto, ignora o enunciado de suas próprias obsessões.

Na análise, o desvio permanente da regra fundamental; é preciso resistir ao imprevisto de seus efeitos. Na transferência, o "não me toques"; distância radical exigida pela crença na capacidade onipotente de invadir, tocar e destruir pelos pensamentos.

De onde procede esse sentimento de intrusão, esse temor de exposição ao contágio, esse risco de transmissão pelo toque de que padece o obsessivo? Não será, como o sugere Fédida (1991), do campo do materno? Não emanará daí o excesso de excitação, o excesso de solicitação que faz intervir uma "intolerável invasão"? Não estará, na sedução materna original, com sua desmedida invasão erótica, a violência na qual encontramos os elementos que vêm afetar o mundo autoerótico do sujeito obsessivo, sua vida de fantasia, seus pensamentos, seus afetos?

Quando prisioneiro, cativo, porque se condena ao trabalho extenuante, à tensão permanente que interroga o próprio princípio do prazer? Sacrifica-se, como vimos, por amor à mãe.

Quando tirano, cruel e intransigente, de onde procede seu desejo de domínio? Também, como vimos, da identificação à mãe.

Como opera, então, o que é da ordem do materno, para constituir o caldo da tirania que invade nosso sujeito? Como incide, essa ordem, na desintricação tão precoce que leva à construção da instância maldita, ao desenlace no qual o ódio corre à solta para torturar? De que modo a mãe vem criar as condições favoráveis à disposição?

Como pensar a gênese de uma neurose baseada no recalque do ódio[21]?

Para falar desse território primeiro e da ruptura inaugural que escava o sulco onde se agita o ódio, para pensar as consequências desse desatamento dos corpos, da união desfeita, na relação tão preservada por Freud entre o obsessivo e sua mãe, será preciso retomar toda a violência das origens, toda a devastação e o caos, por ele mesmo descritos, reafirmar a sedução recíproca e fazer face à fantasia violenta de morte, de posse, sem abrandá-la.

## Na vigência do ódio: uma busca do interdito

A paixão do ódio apresenta múltiplos semblantes; confessa ou inconfessável, voltada para si ou para o outro, cultivada ou suportada, revela-se em mais de uma forma. Não só sua aparência nos sintomas se transmuta – é distinta na obsessão e na histeria, na paranoia e na apatia, no masoquismo e no sadismo –, mas o próprio estatuto do conceito se modifica ao longo da elaboração da teoria.

Expressão da agressividade narcísica, que tende a eliminar no duplo aquilo que faz desconfiar de nossa estátua majestosa, o fenômeno do ódio, sabemos, não se explica, apenas, no plano da identificação imaginária.

---

21 A questão do ódio e sua importância na neurose obsessiva foi pensada por Freud em âmbitos distintos: além do contexto do complexo de Édipo, foi, também, elaborada em seus desenvolvimentos teóricos ligados à organização pré-genital, sádico-anal e, ainda, na esfera da discussão da desintricação pulsional.

Na obra de Freud aparecem, progressivamente, diferentes concepções do ódio. A primeira delas encontra-se sob o signo de uma rivalidade com o pai – a um só tempo, modelo e obstáculo à satisfação do desejo. Ódio ao intruso, agente da castração. Esse campo – o da base edípica da hostilidade ao pai – estende-se desde as origens da psicanálise até os últimos escritos freudianos.

Conhecemos o prólogo à segunda edição de *A interpretação dos sonhos*, no qual Freud alude à importância subjetiva de sua obra, elaborada no cerne da culpa gerada pelo ódio inconsciente ao pai. Sonho de morte de pessoas queridas: não é ele que vem realizar o desejo?

Freud, como já vimos, reencontrar-se-á, mais tarde, com esse ódio ao pai na análise do *Homem dos ratos*, em que reconhece, no recalque do ódio infantil, a origem dos conflitos neuróticos posteriores. Verá os efeitos dessa paixão odiosa, tão solidária à neurose obsessiva, na seiva com que se alimenta a dúvida[22], o sacrifício, e os verá irradiados nos mandatos e interdições, na impetuosidade da cólera.

---

[22] Encontramos, na análise do "Homem dos ratos", as hipóteses de Freud sobre as raízes da ambivalência presentes no fenômeno da dúvida obsessiva. A propósito deste tema, dirá:

"Se contra um amor intenso se alça um ódio quase tão intenso como ele, a consequência imediata tem de ser uma paralisia parcial da vontade, uma incapacidade de adotar qualquer resolução em relação a todos os atos cujo móvel deva ser o amor [...] A dúvida corresponde à percepção interna da indecisão que se apodera do enfermo, em consequência da inibição do amor pelo ódio [...] Dúvida, na realidade, de seu próprio amor [...] Quem duvida de seu amor, tem de duvidar de todo o resto..." (p. 347).

Verá no ódio inconsciente a fonte da qual bebem os desejos de morte, as fantasias de vingança e as sacrificiais.

Ódio ao pai, ainda, em *Totem e tabu* (1913b) e, mais tarde, em *Moisés* (1939). Amplia-se, aqui, o mito edipiano no qual o ódio, como rivalidade ciumenta, é votado ao terceiro que "perturba o amor". Com a elaboração do mito do pai primevo, mito das origens da lei simbólica, o que está em jogo para Freud, é a positividade do ódio. É preciso ódio para que haja pai morto, para que se regulamentem as alianças; é preciso ódio para herdar. "Sem a obra do ódio" – observa Roland Gori (2004) – "a herança é impossível" (p. 106).

Assim, esse ódio ao pai que conduz ao assassinato que o erige em pai simbólico, essa função do ódio, Freud sempre a inscreveu na constituição do laço social. É essa paixão e a culpa trágica que é capaz de produzir que fundam a ética e a cultura.

Dessa forma, na perspectiva psicanalítica, o assassinato do pai – seguido pela reconciliação dos irmãos entre si e com a imagem paterna – constitui-se como revolta necessária que interrompe o reinado tirânico da horda selvagem e suspende a desmedida do déspota sem limites, falho para governar e para transmitir à descendência a função simbólica do poder.

Freud, contudo, não deixou de observar que na neurose obsessiva o reconhecimento do pai simbólico se suportava com muitas ambiguidades. Da análise do *Homem dos ratos*, viu emergir uma particular configuração do complexo paterno. Ali, o ódio inconsciente devotado ao pai não pretende eliminá-lo, torná-lo simbólico; visa, ao contrário, a mantê-lo terrível, torná-lo perpétuo, presente no espectro, nos sonhos, na aparição do fantasma. Por quê?

Elemento fundamental na estrutura da neurose, a insuficiência de sua função interditora, reguladora do curso da evolução edípica, deve ser corrigida. É preciso dar força imaginária ao pai, instituindo sua presença viva, feroz, inibidora. Força que deve proibir e condenar a erotização incestuosa com a mãe, na qual o neurótico está inconscientemente encerrado.

Dividido entre a nostalgia de um momento de graça indizível, do lugar da criança incensada, e a perda implicada pela castração, é essa ambivalência que vem situar nosso sujeito nesta posição específica com relação ao pai. Em seus enfrentamentos, o obsessivo busca sempre reafirmar – por meio de um pai jamais superado e de uma lei nunca ultrajada – a permanência protetora da castração. Assim, seus votos de ódio, para excluir o terceiro, consistem também num desejo de fazê-lo advir.

É seu gesto primeiro: recriar o obstáculo do interdito e tornar tangível a proibição, que não se fez valer, na relação sem falhas de sua fantasia – a relação entre ele e sua mãe.

Retomando certas precisões e pormenores articulados por J. Lacan em sua conhecida formulação dos três tempos do Édipo, S. Leclaire (1977a) lembrará que é no segundo tempo da evolução edipiana que sobrevém grande parte dos acidentes causadores da neurose. Em *Desmascarar o real*, descreve as condições gerais favorecedoras do curto-circuito evolutivo que gera a neurose obsessiva.

No movimento normal dessa evolução, com toda a complexidade do segundo tempo, é certamente o pai quem deve ajudar seu filho a vencer as primeiras armadilhas do desejo, desalojá-lo da identificação maciça em que se põe como objeto privilegiado da mãe. É o pai quem deve manifestar-se e intervir para libertá-lo desse lugar único, reconhecendo-o como sujeito. O pai, indicado pela mãe. Mas, no campo da neurose, o que terá acontecido nesse tempo segundo, que lhe devia ter permitido encontrar a referência ao pai e aceder à sua lei? Nesse caso, a mãe, que deveria ter sido uma mediação e uma via que aponta na direção do pai, impôs-se ela própria à criança, como um fim e um objetivo. Aqui, a mãe não favorece essa abertura vital, mas, ao contrário, opõe-se a ela, envolvendo seu filho na satisfação infecunda de uma cumplicidade sem precedentes.

Não é demais lembrar aqui o que Serge Leclaire (1977a) diz dessa relação. Ainda, em *Desmascarar o real*, procurando articular aquilo que acredita constituir o complexo nodal do obsessivo, introduz em seu centro a mãe, como ser de desejo, e a criança, marcada pelo selo indelével do desejo insatisfeito da mãe. Na observação clínica de Philon, afirma:

> Essa é a experiência primeira, inefável, onde começa a história do obsessivo. É nesse momento que para ele a história do resto do mundo para; é nesse momento que sai do tempo comum e entra na duração infinita que marca as horas de seu microcosmo. E, no fim das contas, não é difícil perceber que não é tão desprezível alguém ver-se assim cumulado dos favores da mãe, antes mesmo de tê-lo pedido, tornar-se o objeto eleito dos seus amores, antes mesmo de ter desejado e sofrido, e ver, assim, todos os seus desejos desmesuradamente satisfeitos. (p. 136)

Dessa maneira, é o elemento encoberto, mas privilegiado nas histórias dos obsessivos, essa experiência incestuosa – a do desejo ativo da mãe e a do desejo da criança pela mãe – que vem forçar a criação de uma palavra proibidora, que faça as vezes de barreira necessária, para restaurar o valor e o sentido da proibição.

Se a criança percebe o pai como falho na economia de seu desejo, é também porque a representação que dele apreende – a referência ao pai na palavra da mãe – é a de um homem que não pode dar satisfação suficiente a seus desejos de mulher. Será ela, a criança, que imaginariamente deverá supri-la em seu lugar.

Assim, por querer persistir num lugar onde pode gozar passivamente como objeto da sedução materna, nesse lugar intensamente cobiçado de filho necessário à mãe, é que seu acesso ao universo do desejo e da lei constitui, para o obsessivo, um processo problemático.

Dessa forma, se, por qualquer razão, fraquejar a lei simbólica, terão lugar pesadamente todos os modos de interdito que dão consistência ao sintoma – a seu equilíbrio imutável –, todas as formas do "não tocar" – da imobilidade ao agir compulsivo –, que devem barrar, por sua vez, impedir que se propague essa inundação que o invade.

Quando se empenha na construção meticulosa de sua fortaleza, quando se certifica prudentemente da dureza de seus muros, não será porque quer a prova de sua resistência, a garantia de uma rigidez sem brechas? Não será porque quer reassegurar-se de que, de fato, há algo sólido, maciço, contundente, que se irá interpor a essa infecção pela mãe?

## Da devoção à devoração: o impensável em Freud?

Não foi nessa direção, contudo, que Freud perseverou na consideração do tema da mãe: as consequências de seu excesso, de sua insatisfação, sua influência na neurose da criança. Sem dúvida, ao longo de sua obra, pressentiu a força dessa paixão. Em *Leonardo*, sabemos, salientou, sem reticências, que a ternura materna era algo excessiva. Também é certo que na neurose obsessiva a sedução precoce é postulada por ele como cena que estaria na origem traumática da neurose. Entretanto, neste caso, como em diversos momentos apontamos, preferiu insistir sobre a ambivalência amor-ódio e o recalque no filho do ódio ao pai. A revolta dos filhos contra as mães – lembra Roudinesco (2003) – permaneceu para ele *terra incógnita*.

O que foi que escapou a Freud (1909) quando se defrontou com o sonho do *Homem dos ratos*, relatado no Registro Original, em que a mãe é devorada pelos filhos[23]? E o que foi que deixou evadir-se no sonho da mãe morta, na confissão do paciente de seu riso impertinente, no lapso que o fez trocar pêsames por felicitações[24]?

Julia Kristeva (2002), quando comenta esses sonhos, no âmbito da análise da neurose obsessiva, vê no segundo deles, antes de tudo, o sinal de um desafio lançado a uma

---

23 "O corpo nu de minha mãe. Duas espadas cravando-se nos seios dela, do lado [como uma decoração, disse ele mais tarde – segundo o *motif* de Lucrécia]. A parte inferior do corpo dela, sobretudo seus genitais, foi completamente devorada por mim e pelos filhos" (p. 282).

24 Eis o sonho relatado por Freud: "Sonhou que minha mãe havia morrido; ele estava ansioso por prestar-me suas condolências, mas tinha receio de que, se o fizesse, poderia ele irromper em uma risada inoportuna, como fizera repetidas vezes, no passado, em ocasiões idênticas. Por conseguinte, preferiu deixar um cartão para mim, onde se lia 'p. c.'; mas ao escrevê-lo as letras mudaram para 'p. f.'" (p. 196). Freud esclarece numa notação que essas são abreviações usuais das expressões *pour condoler e pour féliciter*, respectivamente.

autoridade arcaica, materna, e o desejo de matá-la. Ainda no contexto dessa análise, observa que Freud, capturado pelo sentido anal-erótico dos ratos, silencia sobre o erotismo oral que liga o par arcaico, deixando esmaecer a força do tema da devoração.

Do mesmo modo, Freud furtou-se à ideia de que uma mãe abrigasse hostilidades com relação ao filho. Nesse sentido, para ele, a evocação do tempo da infância é sempre nostálgica: nostalgia de um sentimento de bem-aventurança, de um gozo extraordinário e perfeito.

Basta lembrar, nos sonhos de Roma[25], aquilo que espreita nas entrelinhas: Roma vista à distância, semidissimulada pela neblina; vê-se de longe a terra prometida. Nesses sonhos, revela-se a nostalgia da cidade eterna e a posse simbólica da mãe.

Em 1911, em uma nota acrescentada à reedição de *A interpretação dos sonhos*[26], Freud relacionou a confiança na vida e a aposta no sucesso a uma cumplicidade secreta, à experiência da criança de se ver predestinada pela preferência que lhe devota a mãe. Criança privilegiada por um olhar materno que, por si só, fez dela o máximo de esplendor.

---

25 S. Freud (1900). A interpretação dos sonhos, cap. V, " O material e as fontes dos sonhos" – B – Material infantil como fonte dos sonhos.

26 S. Freud (1900) cap. VI, "A elaboração dos sonhos" – (E) – Representação por símbolos no sonhos – "Alguns outros sonhos típicos".

Essa mesma crença, Freud a reafirmou no final de seu artigo de 1917, "Uma lembrança infantil de Goethe em 'Poesia e Verdade'":

> Já dissemos em outra parte que quando alguém foi o favorito indiscutível de sua mãe, conservará durante toda sua existência aquela segurança conquistadora, aquela confiança no êxito que, muitas vezes, basta realmente para obtê-lo. E, desta forma, Goethe teria podido encabeçar sua biografia com uma observação como esta: "Toda a minha força teve sua raiz em minhas relações com minha mãe". (p. 292)

Freud, como vimos, fez mais de uma vez essa constatação. Entretanto, resistiu a um exame mais persistente do excesso de mãe e, menos ainda, dedicou-se a analisar seu ódio.

Deusa da vida, deusa do amor, essa efusão que acabamos de evocar, esse reencontro nos sonhos com o paraíso perdido do corpo materno, não devem, no entanto, mascarar outros ímpetos, pois a mãe é, também, deusa da morte.

Desse modo, se aceitamos que não se podem reduzir sem consequências a um parentesco intrínseco, natural, a maternidade e a vida, se não podemos restringi-la ao amor abnegado e ao sacrifício, como nos parece suspeita a afirmação de Freud sobre a relação mais que perfeita da mãe com seu filho homem! Essa é, quase sempre, a fantasia do obsessivo. Afinal, não é assim que intimamente se reconhece, como o favorito dos deuses? Contudo, conhecemos bem os avatares desse favoritismo, que acena como um sinal do destino, mas que pode encaminhá-lo tanto para sua fortuna como para sua miséria.

Conhecemos os amores que matam, que enlouquecem, que buscam a servidão e consentem na dor. Conhecemos os exageros do amor e seu alcance. O amor materno, sabe-se de longa data, poderá ser tão destrutivo quanto é cruel o da criança, em sua desmedida exigência.

## Das provas de amor aos votos de morte: uma inquietação persistente

Em diferentes trabalhos contemporâneos, encontramos tematizados os destinos surpreendentes dos desejos maternos recalcados, expressos nos cuidados com a criança, nos quais a intimidade das trocas primeiras as coloca – mãe e criança – numa posição particular. Nas malhas desses desejos, de seus efeitos, das satisfações concedidas por tais cuidados, são pensadas as condições favoráveis à disposição à neurose.

Tanto no plano do desejo de morte como no registro da sedução, foi necessário à mãe, supõe-se, para fazer frente à desmedida de seus desejos, transformá-los por formação reativa, reassegurando o recalque. Assim, do lado do sintoma, o desejo de morte, num efeito visível de defesa, fabrica tanto a idealização do filho, que deve ser perfeito, como a superproteção como modelo de mãe.

Mãe demais, observa Mannoni (1992), na excelência da boa mãe que não pode, jamais, odiar seus filhos, cuida deles, devotada, vigilante, superprotetora, sem saber que ela os protege de seu próprio inconsciente. Queixosa, aflita, lamenta o crescimento de seus filhos. Como impedir o prazer de seus voos próprios, como mantê-los sob seus olhos, a salvo dos perigos do mundo? Que grande devaneio o seu, o de manter os filhos pequenos para sempre, mamando e dormindo sem sobressaltos, num precioso silêncio! Mártir, deprimida, é para ela intolerável a turbulência desses pequenos seres.

Subvertendo a ordem instituída, essas criaturas, com seu sono entrecortado, sua fome ou inapetência indomesticáveis, com sua curiosidade indiscreta e perguntas desconcertantes, convocam a violência dos limites, arruinando a imagem da boa mãe. Para esta, é uma vida sem riscos que deve ser cultivada. Assim como se cultivam os conselhos dos manuais pediátricos, os rigorosos cuidados de higiene, hábitos e horários precisos, transformando o universo afetivo num grande reino inorgânico, controlado e funcional. "O desejo de ordem" – observou Kundera (1989), que tão bem percebeu o parentesco entre a ordem e a morte – "é, ao mesmo tempo, desejo de morte, porque a vida é a perpétua violação da ordem. Podemos dizer que o desejo de ordem é o pretexto virtuoso através do qual o ódio do homem justifica seus crimes".

Nesse eixo entre a mãe e a criança, se por um lado encontramos a mãe sacrificada ao modelo, heroína imolada, abnegada ao extremo, encontramos, de outro, o filho que deve forjar-se segundo o ideal.

O futuro obsessivo, com a percepção aguda das crianças, saberá identificar muito cedo, pelos mitos de família e do discurso cifrado da mãe, os pormenores que alimentam seu devaneio, a substância de que é feita sua vida e sua lei. É ela, criança privilegiada, que haverá de realizar o mais secreto dos anseios maternos, obturar a perda a que a mãe não pode nunca resignar-se. Sem vínculo erótico com o pai, no horizonte dos desejos da mãe, encontramos o filho. Criança cuja perfeição fantasiada deve aproximar-se da miragem de uma figura ideal que, quase sempre, se vislumbra como o objeto de amor a quem a mãe consagra seus sonhos.

É esse o ponto, a questão com a mãe dos obsessivos: se ela não abandona essa representação de um filho perfeito, imaginário, identificado a uma sombra do passado que ele teria a missão de encarnar, se ela se dirige a uma criança que não é real para alimentar-se desse sonho, sem dúvida sua criança não será odiada. Mas será uma imagem que vive no sonho da mãe; não é a criança de carne e osso, nunca reconhecida. Como assinala Roland Gori (2004), "é a imagem que deve morrer para que o filho viva. Sem o que, quando a criança se olha no espelho do rosto materno, o que ela vê é o reflexo do desaparecido de que a mãe permanece inconsolável" (p. 123). Se seu filho deixa de partilhar o sonho que a satisfaria, se dele se afasta ou se desvia, se o contraria por seu temperamento próprio, a criança engendra um desencanto imprudente. Desapontada, a mãe é confrontada ao próprio ódio e, ao vislumbrar a existência do desejo de morte, é lançada sem trégua aos tormentos mais atrozes, face a face com os segredos mais funestos.

É nisso que consiste o drama da idealização: é que ela está perigosamente unida à decepção. Como uma sombra que torna opaca as ambições que vivem nos devaneios maternos, a decepção abre o caminho que favorece a presença do ódio. No entanto, como observa Winnicott (1947), é preciso que a mãe venha a tolerar seu ódio para dar realidade à criança. O bebê é real: ele a morde, ele a machuca, ele a recusa. Se ela se sacrifica, se se desdobra, por medo do que lhe possa fazer; se é imperativo o dever de amá-lo e especialmente se não puder admitir odiá-lo, só lhe resta o caminho do masoquismo.

Nos fenômenos que descrevemos, retornos deformados do desejo de morte (superproteção e idealização), no ódio que aí explode, no ódio por decepção, parece-nos que o que está na origem é menos a ação brutal da pulsão de morte do que os efeitos tremendos do narcisismo. Parece-nos que o que aí pulsa é ainda a luta mortal do espelho, na qual convive a dualidade do "que ele morra" e do "como eu o amo"[27]. Como duas faces da mesma estrutura, se, no entanto, o "como eu o amo" se enfraquece pela desilusão, revela-se aquilo que ele encobria: "que ele morra", como voto das origens que retorna.

Falamos do registro da sedução. Como antes apontamos, intervindo segundo um modo muito particular nas relações precoces, é a sedução materna que dará, por sua vez, a devida especificidade à problemática obsessiva.

Num trabalho em que procura pensar o parentesco e as divergências entre a problemática obsessiva e a problemática perversa, Roger Dorey (2003) reconhece na sedução materna o pivô de ambas as organizações, agindo, no entanto, de forma totalmente invertida. Precoce, maciça, polimorfa na perversão, a sedução erótica efetiva está ausente da problemática obsessiva. De fato, a sedução primitiva postulada por Freud, como cena que estaria, regularmente, na origem desta neurose, sofrerá um recalque, não ocorrendo a satisfação afetiva e mesmo desmedida desse desejo de sedução.

---

27 A observação de Mannoni (1992) vem esclarecer que o "que ele morra" e o "como eu o amo" são como o direito e o avesso do mesmo pensamento: o direito, escondendo, recalcando o avesso. Assinala que o "normal" é o êxito desse recalque, enquanto que as defesas sintomáticas analisadas em seu texto – ansiedade superprotetora e idealização – são o efeito de um recalcamento frustrado.

Expressão transformada desse recalcado de natureza erótica, desse laço íntimo e precoce, a severidade é a marca da mãe. Uma distância afetiva, técnica, selada pelo rigor e o dever, aparece como o avesso do impacto dos cuidados – dos olhares, dos toques – dos quais o obsessivo conservou a intensa impressão.

Esse "recalcado inabordável" – para usar as palavras de Kristeva (2002) –, habitado pelo erotismo violento de um vínculo de fusão-devoração, retorna deformado, por reação, no tom depressivo, desvitalizado, insatisfeito que se apreende no agir metódico e criterioso da mãe.

"Não me toques", essa mãe descrita em tantas observações[28], é reencontrada na história analítica de cada obsessivo. Ser moral, digna e reservada, encarna a "mulher sem imaginação". Mãe sem fantasias, refratária aos ímpetos libidinosos, é a mãe de quem se herda o modelo da "infâmia do desejo" (Dorey, 2003).

Mas a força do erotismo das origens, que escapa aos esforços do recalque, continua agindo ali. É sua presença que pressentimos na posição paradoxal da mãe, ora inanimada, ora demoníaca, no caráter enigmático de seu desejo, na oscilação sempre presente entre a distância e a possessão.

Do paradoxo, do enigma, não nasce aí o infortúnio que a criança no futuro provará em seus amores? Não chegará a seu desejo de homem, identificando-se com o desejo sem esperanças de sua mãe?

Alienado nessa relação aprisionante, "polo de atração de uma libido violenta, para sempre satisfeita" (Kristeva, 2002, p. 63) que lhe interdita qualquer ligação verdadeira-

---

28  J. Kristeva (2002), R. Dorey (2003), Lachaud (1998).

mente amorosa, não é particularmente para o obsessivo que estará reservado esse destino no amor? Que o encanto se desvaneça e que seu desejo se apague?

Em 1910, como lembramos, Freud evocou a violência das carícias maternas como elemento determinante no destino e nas privações que Leonardo haveria de sofrer. Ao escrever sobre a situação de Catarina, mãe do artista, observou:

> A pobre mãe abandonada devia juntar a seu amor materno a reminiscência da ternura fruída nos amores com Sir Piero e seu desejo de novos gozos eróticos, e via-se impelida, não somente a compensar-se a si mesma da falta do amado, mas também a compensar o menino do pai, acariciando-o também por este. Assim, situou o filho, como todas as mães insatisfeitas, no lugar do marido, e despojou-o de parte da virilidade, provocando a maturação excessivamente precoce de seu erotismo. O amor da mãe ao filho a quem amamenta e cuida é mais profundo que seu posterior afeto pelo menino já em crescimento. Sua natureza é a de uma relação amorosa absolutamente satisfatória, que não só preenche todos os desejos anímicos, mas também todas as necessidades físicas, e, se, representa uma das formas de felicidade que o homem pode alcançar, isto se deve em grande parte à possibilidade de satisfazer, sem reproche algum, sentimentos de desejo há muito tempo reprimidos e que se hão de qualificar como perversos. (p. 58)

Objeto de paixão indestrutível, poderá o obsessivo ignorar o poder excepcional da mãe, a quem serviu, a quem atendeu? O ódio impotente que espreita através do silêncio sobre a mãe ou da palavra irônica, impiedosa, audível na história da análise, parece dizer o contrário.

Essa mãe, tantas vezes apresentada como deprimida, extrai sua melancolia dessa renúncia que não quer fazer: aceitar-se perdida para seu filho. Este sofrerá as consequências da alienação materna: de sua proibição, do imperativo de que se conserve para sempre criança-fetiche, criança-objeto. O desejo de perdê-la, de separar-se desse lugar de eleição, de afastar-se das promessas sedutoras, assomará nas formas torturantes do sintoma.

Acaso, o *Homem dos ratos* não vivia seu martírio sob a sombra de seus ímpetos assassinos, duvidando de seu ser: inocente criminoso? Não vivia perseguido pela culpa de uma dívida impossível de saldar?

"Mate a velha!" é a ordem que se lhe impõe. Não é a velha que se deve matar, a mãe onipotente de antes do espelho (Lachaud, 1998)? Mãe devorada em seus sonhos, mãe silenciada em seu discurso? Força viva que subjaz na angústia e na culpa e que ataca o sujeito a partir do interior?

Ao trabalhar o caso clínico precedente[29], citei Pontalis (1991) em sua definição poderosa dessa força que ele assimila a "um corpo estranho interno, que invade incessantemente, que violenta sem trégua e que exerce sua dominação de dentro, como se a mãe fizesse as vezes de uma pulsão..." (p. 64). É essa força, "mãe arcaica", esse ódio surdo e obscuro, da ordem do indestrutível, fora do alcance, distintos do que subjaz à culpabilidade trágica do Édipo, sobre a qual, um pouco mais, pretendemos pensar.

---

29  Ver, no capítulo 4, "A muralha e a possessão: figurações do mortífero em um obsessivo".

## Ainda sobre o ódio: do apelo de ignorar ao desejo de conhecer

> *Por trás de toda serenidade da superfície, parecia existir uma grande escuridão, um impulso para se por à prova, correr riscos, frequentar o limite das coisas.*
>
> Paul Auster, Trilogia de Nova York

Novamente o homem do lapso.

Parecia ter enterrado devidamente a mulher, dando por encerrado seu trabalho de luto. Se não fosse a presença dilacerada da filha, que expunha a dor em indizível tumulto, estaria tudo quitado, saldado, nada de dívidas e de obrigações. Mas, pelo rebento colérico que o acossava nas noites sem sonhos, no solavanco que o estremecia, no tropeço da língua prestes a desintegrá-lo, quem estava em seu encalço? Quem era seu credor? A quem devia sacrificar-se?

Presença desavisada no nome da morta, mãe que abandona, mãe que persegue, objeto de amor que se perde, de quem é o ódio?

No sofrimento que lhe foi impingido pela menina, no rastro de destruição que testemunhou nele, nela, nele por meio dela, vemos o espectro das Erínias que surgem como sombras sedentas de sangue.

Mãe demoníaca, essa figura aparece na fala de C. Stein, na de R. Gori, na de N. Abraham, em J. B. Pontalis, em S. Leclaire, quando esses analistas expandem a racionalidade dos conceitos, entregando seus modelos aos recursos do mito, da ficção, da tragédia e da metáfora. Esses modelos, embora explicativos da própria constituição do humano, vêm nos aproximar da mãe do obsessivo – menos de sua figura real ou mesmo imaginária, mas de seu desconhecido

–, no que esta se apresenta como perseguidora incansável, "mãe abrangente", sedutora indomável.

Mãe louca que se apossa de seu filho, que o possui como uma pulsão sem freios, que o põe imóvel pela tensão do ódio; não é ela que encontramos na confluência da mãe que se tem com a potência da pulsão de morte? Que vem dar figurabilidade aos vultos do ódio que perseguem Orestes (Stein, 1987), que o tornam um ser lacerado, em sofrimento perpétuo? Não é ela supereu tirânico?

Sabemos que Freud viu no ódio primordial do homem, que fez derivar da pulsão de morte, a origem da tendência à destruição. Mas, anos antes de elevar a agressão ao estatuto de Tânatos e encará-la como força titânica de morte, em permanente conflito com Eros desde a origem da existência humana, havia pressentido, em 1915, a origem do ódio na constituição da realidade.

Na intuição freudiana sobre a origem narcísica do ódio, este é mais antigo que o amor. Fonte primária de sofrimento narcísico, aquilo que não é "eu" – mundo exterior, objeto, outro –, se no princípio é indiferente, logo concidirá com o que é estranho e odiado. É preciso esperar por um terceiro tempo para que o amor surja na relação com o outro.

Esse objeto do ódio, que nasce no ódio, é para Freud, como vimos, parte expelida, projetada, parte desprazerosa do eu. Assim como há incorporação do objeto quando ele é fonte de prazer, há projeção do mau para fora, na constituição do objeto que se odeia. É essa parte de si, tornada outro, que constitui o verdadeiro objeto do ódio.

Mas Freud disse ainda mais. No mesmo texto, *Pulsão e seus destinos*, ao estabelecer os destinos pulsionais, indicou essa orientação da agressividade em que há um retorno sobre si, um ódio de si, um "eu me odeio".

Observou esse movimento, como já o dissemos, na neurose obsessiva.

Aproximamo-nos aqui de *Luto e melancolia* (1917a), artigo em que indica, claramente, como, pelo atalho do autocastigo, o sujeito obsessivo cultiva seu ódio vingativo sobre seus objetos de amor.

Não há como desconhecer nesse exercício aquilo de que Freud nos adverte: que o "ódio de mim" é o ódio por esse outro amado e odiado ao mesmo tempo, objeto que me habita, alteridade que me constitui. Isto é Freud e é esse o caminho que a melancolia e a neurose obsessiva lhe abriram na compreensão deste "auto" do ódio, que castiga, que fustiga, que despreza o eu.

Em *Luto e melancolia* (1917a), é clara sua argumentação: a instância pela qual nos maltratamos é a figura feroz que pereniza esse ódio ao objeto. Objeto da desilusão, sua perda há de transformar-se em perda do eu e Freud observará que o conflito entre o eu e o objeto se traduz numa discórdia entre a crítica do eu e o eu modificado pela identificação. Aqui, a posição masoquista do sujeito obsessivo, de ser anulado como sujeito e gozar com isso, é a posição que melhor vem assegurar seu triunfo diante da onipotência aniquiladora da mãe, tornando-se o dominador daquele que o submete.

Se destacamos em Freud nestes dois textos – separados entre si por um curto espaço de tempo – elementos teóricos tão clássicos, como a projeção, a incorporação, o retorno sobre o eu de um ódio dirigido ao objeto e a organização narcísica do eu, foi para ligarmos, em certa perspectiva, o movimento do ódio e o desconhecido da mãe. Mas isso não é tudo. Temos, ainda, caminho a percorrer.

O ódio inconsciente que o sujeito obsessivo volta contra si, no masoquismo, para conservar seu outro amado-o-diado, seu objeto perdido, Freud irá, mais tarde, repensar a sua origem, articulando-o à pulsão de morte.

Com a virada de 1920, o masoquismo, designado como masoquismo erógeno, torna-se originário. Seu perigo, disse Freud em O *problema econômico do masoquismo* (1924), reside em descender da pulsão de morte, em corresponder à parte desta que escapou à projeção para o exterior como pulsão de destruição. É a parte da pulsão de morte que, permanecendo libidinalmente fixada no interior do organismo, aí perdura como resíduo seu, tendo como objeto o próprio eu.

Mais ainda: Freud observou que o sadismo orientado para fora pode ser de novo introjetado. Neste movimento, a destruição que volta ao Eu não só intensifica o masoquismo como, sendo acolhida também pelo supereu, aumenta seu sadismo contra o eu.

No mesmo artigo de 1924, ao discutir as "relações íntimas e regulares do masoquismo com o sadismo", indicou que se enlaçam aos tormentos masoquistas, à condição de que advenham da pessoa amada e sejam sofridos por ordem sua. Dessa forma, se o sofrimento masoquista perdura, se é preciso persistir no sacrifício que se oferta, é pela crença de que se o outro nunca cessa de ordenar, nunca para de exigir, é porque o eu se conserva seu objeto de eleição. Assim, se antes tínhamos um eu sádico e um objeto que se martirizava na incorporação, nesse momento da teorização freudiana o objeto incorporado é sádico, cruel, implacável, gozando ao torturar o eu, que goza com seu próprio sofrimento.

Mas, por ora, deixemos Freud.

Para fazer trabalhar essa paixão do obsessivo, o fantasma masoquista que mora no centro de seu ser, para estender um pouco mais o tema da origem do ódio de si, acompanhemos o pensamento de Conrad Stein (1988), desenvolvido em *As Erínias de uma mãe: ensaios sobre o ódio*.

Articulando duas das proposições contidas nos textos que citamos – *Pulsões e seus destinos* e *Luto e melancolia*[30] –, Stein elabora a mais bela figuração da nascente desse ódio primordial, quando atribui a origem do supereu ao matricídio. E avança ainda mais quando, inspirado em Ferenczi, relaciona o sofrimento masoquista ao "saber imposto pela linguagem".

Vamos segui-lo.

Na origem do ódio de si, o que há?

Como nasce esse ódio inextinguível que liga a mãe a seu filho? Como pensar esse laço, conservando a dimensão simbólica do objeto, ao qual se dirige o ódio?

É a lenda de Édipo e Jocasta, interpretada como "um matricídio censurado", o que vem dar corpo às questões.

Jocasta fez algo terrível, sem saber, ao desposar seu próprio filho. E por ter sido descoberta mãe, por ter sido desvelado o segredo que Édipo não se furtou a perseguir, foi que ela escolheu sua própria morte. É quando a verdade explode que Jocasta decide se enforcar. Sobre esta morte, Édipo teve responsabilidade ativa. Por quê?

---

30 Essas duas proposições freudianas, a saber: "o ódio nasce com o objeto" (1915) e "a sombra do objeto caiu sobre o eu" (1917), entretecem-se em todo o percurso das ideias de Stein, quando desenvolve seus dois ensaios sobre o ódio: *As Erínias de uma mãe* I e *As Erínias de uma mãe* II.

Na versão do poema homérico da *Odisseia*[31], na qual há uma Jocasta que odeia, o que se lê nas entrelinhas da tragédia?
Nesse olhar sobre a lenda, o que se vê?
Vê-se que o verdadeiro crime de Édipo não foi o assassinato do pai ou o incesto com a mãe. Sua falta veio do desejo de conhecer seu destino, sem complacência, contrariando os apelos de Jocasta, apelos para ignorar.
Amparado no que se conta da lenda nos versos da *Odisséia*, assim como na tragédia de Sófocles, Stein apresenta-nos Jocasta como alguém que não soube render-se às evidências. Como mulher de Laio ou como mãe de Édipo, insistiu na ignorância: não pôde reconhecer nos troféus que lhe foram ofertados os despojos do marido, nem nas cicatrizes dos pés de Édipo a identidade de seu filho.
O delito cometido por Édipo foi o de levar Jocasta à morte, pela transgressão do tabu imposto pela mãe. Ordem que o convocava a manter no desconhecimento aquilo que seu desejo de saber o levou a descobrir.
Eis o apelo de Jocasta a Édipo:

> Que tem a temer um homem, fraco joguete da sorte, que do próprio futuro nada sabe? Melhor é ir vivendo a vida... Não tenhas medo da cama de tua mãe: quantas vezes em sonho, um homem dorme com a mãe! É bem mais fácil a vida para quem dessas coisas não cogita. (Sófocles, 1976, p. 59-60)

Na tradição homérica, mãe levada ao suicídio por seu filho, Jocasta, morta, solicita a presença das Erínias e orde-

---

31 Versão distinta da tragédia de Sófocles, na qual não há nenhuma referência às Erínias.

na às deusas vingadoras que persigam Édipo. Encarnação das Fúrias, da vingança contra aquele que viola a ordem materna de desconhecer, Stein vê nessas figuras do ódio a ligação da mãe com a origem do ódio de si.

É inspirado nesta tradição, em que a figura materna e seu ódio se associam ao "crime do conhecimento", que Stein vai articular, como já antecipamos, duas importantes formulações de Freud.

Retomando de *Luto e melancolia* (1917a), a célebre expressão "a sombra do objeto caiu sobre o ego" vai elucidá-la por um desvio, ao lê-la como "a sombra do objeto caiu sobre mim... estou sendo perseguido pelas Erínias de uma mãe..." E mais adiante: "o ódio de uma mãe caiu sobre mim, de onde resulta que eu me odeio" (p. 45).

Assim, na origem do ódio de si, encontramos a figura materna que ordena ignorar, essa Jocasta, sedutora perversa que trazemos em nós, que é capaz de odiar. Mas, na origem desse ódio de si, encontramos em contrapartida o desejo de conhecer, de desprender-se da fonte incestuosa, captura materna que convida a desistir[32]. Nessa perspectiva, o ódio origina-se de uma perda, de uma ruptura, de

---

32 Quando Édipo desejou o confronto entre as duas versões do assassinato de Laio, a sua própria e a que todos conheciam pela boca do pastor, Jocasta procurou dissuadi-lo:
"Pois fica certo de que foi assim a primeira versão! Não vai mudá-la agora, porque não foi ouvida só por mim... Mesmo que o pastor conte outra história, não provará que a morte de Laio combina com o oráculo: o deus disse expressamente que ele morreria às mãos do filho – e esse filho, coitado, morreu sem ter feito mal a ninguém! Profecias? ... Por mim, não olho mais de um lado e outro, à cata de sinais!"

uma desobediência. Ele surge pelo desvio do fascínio incestuoso, no movimento de separação que torna possível criar o mundo do sonho e da fantasia, criar pensamento e linguagem.

Mas se o ódio se instaura pela distância com a mãe é, no entanto, o mesmo ódio que restitui ao sujeito a unidade perdida. Onde havia dois em um, quando se perdeu o paraíso, se instaurou o laço de ódio. Pois não disse Freud que o ódio nasce com o objeto? Ele é assim substituto da glória primordial. A neurose obsessiva vem bem nos mostrar isso: é um só ódio que está nos dois lados ao mesmo tempo, no "ela me odeia" e no "eu me odeio". É ele que os opõe – mãe e filho – e os une num laço indissolúvel, íntimo e sólido. É ele que não deixa seu objeto escapar.

Se Stein trabalhou certos elementos que retomou da leitura freudiana para, com a alegoria da sedutora perversa, indicar como Freud a restituiu no conceito de supereu, não se detêve aí. Se num primeiro momento enlaçou o nascimento do ódio à desobediência ao apelo materno de ignorar, depois, situando-se na linhagem de Ferenczi, seguiu examinando algo mais: as relações entre o ódio, o sofrimento e o saber materno que os gera.

Numa breve comunicação realizada em 1923, Ferenczi apresentou pela primeira vez o "sonho do bebê sábio", no qual se representa um bebê que fala e aconselha os pais e outros adultos, proferindo discursos de grande profundidade. Contudo, foi só paulatinamente, por meio de sucessivas alusões a esse sonho, sonho típico sonhado por certos pacientes – "feridos", "aterrorizados" –, que Ferenczi formulou suas hipóteses sobre os efeitos das formas passionais do amor, da punição desmedida, do terrorismo do sofrimento, impostos pelo adulto à criança. Assim, no "bebê sábio" aparentemente inócuo de sua descrição de 1923, a figura de sombra demorou a se mostrar. Foi somente em 1931, na conferência intitulada *Análise de crianças com adultos*, que o "bebê sábio" revelou sua verdadeira face, assolada pela dor. É quando surge associada a esse sonho a figura da "criança mortalmente ferida" e a presença de uma agonia psíquica e física que acarreta uma inconcebível e insuportável dor. No ano seguinte, em *A confusão de línguas entre os adultos e a criança* (1932), Ferenczi seguiu trabalhando o mesmo sonho, ampliando seu sentido, propondo que o "bebê sábio" advém da introjeção do sentimento de culpa do adulto sedutor, atormentado por remorsos. Observou ainda, na mesma ocasião, que a criança vítima da perversidade do adulto, transformada em "bebê sábio", se apresenta com os traços de seu perseguidor: sua culpa e seu ódio.

Bebê sábio, figura mítica, o que podemos dele depreender? Que a mãe impõe à criança uma irrupção constitutiva do erógeno, um excesso estruturante mas traumático[33]; que a mãe impõe à criança, pela linguagem, pensamentos que constituem violência originária, sedução sexual. É por desconhecer a realidade da criança em prol de uma representação que dela tem que o saber materno da interpreta-

---

33 É importante ressalvar que no final de seu percurso teórico, quando se vê preocupado com a problemática da cura em análise, Ferenczi desconsidera a dimensão do fantasma na estruturação do psíquico, como se a irrupção da sexualidade no *infans* não fosse traumática por constituição, remetendo-se novamente ao "real" do trauma na produção da neurose.

ção, a linguagem passional que incide sobre ela a vitimiza, a traumatiza, desencadeando o ódio na criança.

Cito Stein (1988), cujo percurso em seus ensaios sobre o ódio o levaram à percepção da afinidade entre a figura do "bebê sábio" e a de Édipo perseguido pelas Erínias, Édipo habitado pelo ódio de sua mãe:

> Enquanto bebê sábio, o homem surge no ódio, ódio irreconhecido, larvar, ódio reprimido... Na coação que sofre, o homem surge como odiando a si mesmo, com um ódio inerente ao saber que deve colocar em ação para tomar conta de si mesmo. (p. 74)

Ódio cujo destino será, em parte, o do recalque, porque se gera no caldo do desamparo e da servidão. Podemos assim depreender que essa criança, bebê sábio, emerge da paixão materna – de amor, de ódio – que se implanta com violência no psiquismo e se faz presente como um outro.

Haverá algo mais devastador e insistente na neurose do que esse discurso primitivo, imperativo e arbitrário, que está na origem da formação precoce do que chamamos supereu?

Mas, além dos gestos e dos toques perpetrados por toda mãe, para além da dimensão da violência sexual pela palavra, mais além do saber que fere, mas também constrói, com o que é que nos encontramos quando pensamos na intrusão imposta pela mãe de um obsessivo? O que é que ela força, quando exerce o "terrorismo" de seu gesto passional?

"A neurose obsessiva não evoca imediatamente a presença de um trauma real ou psíquico em torno do qual se teria estruturado" (Kristeva, 2002, p. 55). No entanto, é certamente na separação dos começos, que faz ato de conhecimento pela exploração do mundo e o nascimento do sexual, certamente é aí que se iniciam para o sujeito obsessivo as devastações da cativação pela mãe.

"Negra melancolia" associada à mãe.

A depressão materna, sua sombra sobre o filho, descritas por Kristeva (2002), a que toda análise de obsessivos deve chegar; a destruição do autoerotismo perpetrada pela invasão desmedida da mãe, pensada por Fédida (1991); e ainda a ruptura de seu próprio autoerotismo – também pensada por ele – quando na violência do parto a mãe é lançada num abandono sem luz; não são esses, em nosso caso, os sofrimentos que encontramos na esteira desse movimento separador?

Nada no mundo atual é tão idealizado e protegido quanto a infância. Nunca se viu na história dos costumes tamanho privilégio dado à assepsia nos cuidados e às normas técnicas com que deve ser cercada a criança que acaba de nascer. Nessa perspectiva, observa Fédida (1991), se falta à mãe a palavra que a reconheceria inscrita na rede simbólica da filiação; se lhe falta o amparo que lhe permitiria apropriar-se de um lugar materno engendrado na narrativa familiar; se a mãe não pode ser assumida pelo mito e embalada nas palavras da tradição, o parto será então experimentado como pura violência, "vivido sob a forma de um episódio alucinatório, que corresponde à maior ruptura do autoerotismo" (p. 109).

O artigo de Kristeva (2002), que citamos, vem, por outro lado, evocar a grande boca de nossos obsessivos, suplicante ou exigente, disfarçada ou abertamente voraz, mas sempre demandante. Faz-nos pensar na figura do crocodilo, que ocupa os pensamentos de Jérôme[34], sua boca, sua presa, sua imobilidade. Dissimulado jacaré: ali, quando imaginamos ver um tronco de árvore à deriva, inanimado, sem vida, ei-lo a dar o bote. Lembra-nos ainda que nessa relação de fusão-devoração encontra-se no sujeito obsessivo o desejo de se apropriar da mãe atormentada, que comprime, que se apodera. Desejo de tornar seu o excesso que o expropria de si mesmo, deixando-se, no entanto, devorar por ele. Não será, então, como sugere Kristeva, na cumplicidade de uma relação vampírica dessa satisfação oral arcaica que permanece seu segredo inconfessável, sobre o que a análise deve incidir? Sobre o que deve o analista insistir?

Sabemos como o trabalho analítico com a neurose obsessiva é penoso. É preciso atravessar o sono da morte, a indignação que o tirano nos provoca; prosseguir na aventura apesar das defesas de seu discurso; procurar os atalhos entre a linguagem morta, artificial e o discurso de um desejo. Para isso, somos incitados a fazer, com nosso paciente, uma dolorosa travessia. Passagem que deve nos conduzir para o que é primeiro um ruído, um zumbido, um gemido, às vezes até um canto, mas que vem ganhar depois um timbre ensurdecedor. Passagem que coloca a nu a evidência da destruição: na história desprovida de lembranças, pobre de reminiscências, na ausência de sonho, na linguagem que sofre o abandono dos afetos, no encontro com palavras proferidas, verdadeiros veredictos, sentenças sem apelação.

---

34  Ver "Jérôme ou A morte na vida do obcecado" em *Desmascarar o real* (Leclaire, 1977).

Se a neurose obsessiva é fruto da devoração dos começos, se nasceu em meio à excessiva intrusão erótica da mãe, e se o ódio que daí resulta é o que faz resistência à análise, o analista, como Édipo, deve fazer ouvidos moucos aos clamores de uma jocasta que lhe implora desconhecer.

Para escutar a neurose obsessiva, é preciso ter escutado em nós essa voz que ruge incansàvelmente de dentro de uma insondável obscuridade. É preciso ir ao encalço do que há de mais passional no humano, ao encontro dessa fúria indestrutível, desse ódio em estado puro, seguindo as pegadas das Erínias de uma mãe.

O demoníaco, na pele de furor lúbrico, inclina-se à desmedida e será nos confins onde ele espreita que teremos que chegar.

# Referências

ABRAHAM, K. (1920) A valoração narcísica dos processos excretórios nos sonhos e na neurose. In: BERLINCK, M. T. (Org.). *Obsessiva neurose*. São Paulo: Escuta, 2005.

———. (1921) Contribuições à teoria do caráter anal. *Op. cit.*

ASSOCIAÇÃO BRASILEIRA DE PSIQUIATRIA. Transtorno obsessivo-compulsivo. *Revista Brasileira de Psiquiatria*, v. 23, n. 2, 2001.

AUSTER, P. *A trilogia de Nova York*. São Paulo: Companhia das Letras, 2000.

BARROS, E. B. *Eu Narciso, Outro Édipo*. Rio de Janeiro: Relume-Dumará, 1991.

BIRMAN, J. *A psiquiatria como discurso da moralidade*. Rio de Janeiro: Graal, 1978.

———. Finitude e interminabilidade do processo psicanalítico. In: BIRMAN, J.; NICÉAS, C. A. (Orgs.). *Análise com ou sem fim?* Rio de Janeiro: Campus, 1988.

———. *Freud e a interpretação psicanalítica*. Rio de Janeiro: Relume-Dumará, 1991.

———. *Mal-estar na atualidade*: a psicanálise e as novas formas de subjetivação. Rio de Janeiro: Civilização Brasileira, 1999.

———. *Entre cuidado e saber de si*: sobre Foucault e a psicanálise. Rio de Janeiro: Relume-Dumará, 2000.

BOGOCHVOL, A. Algumas reflexões sobre a psiquiatria biológica. *Boletim de Novidades Pulsional*, v. 10, n. 99, p. 9-21, 1997.

BOUVET, M. (1952) O ego na neurose obsessiva. Relação do objeto e mecanismos de defesa. In: BERLINCK, M. T. (Org.). *Obsessiva neurose*. São Paulo: Escuta, 2005.

BUZZATI, D. (1940) *O deserto dos tártaros*. Rio de Janeiro: Nova Fronteira, 2003.

CABAS, A. G. *El narcisismo y sus destinos*. Buenos Aires: Trieb, 1980.

CARNEIRO, H. F. Da verdade do sintoma à verdade do sujeito: uma leitura sobre a dieta do TOC. *Revista da Associação Psicanalítica de Porto Alegre*, v. 17, p. 83-87, 1999.

CESAROTTO, O. No olho do Outro. In: *Contos sinistros*. São Paulo: Max Limonad, 1987.

CHNAIDERMAN, M. Rasgando a fantasia para outras tantas mil e uma noites. In: ALONSO, S. L.; LEAL, A. M. S. (Orgs.). *Freud*: um ciclo de leituras. São Paulo: Escuta, 1997.

COUVREUR, C. Introdução aos escritos de Freud sobre a neurose obsessiva. In: BRUSSET, B.; COUVREUR, C. (Orgs.). *A neurose obsessiva*. São Paulo: Escuta, 2003.

DELORENZO, R. M. T.; MEZAN, R.; CESAROTTO, O. Narrar a clínica. *Percurso*, v. 13, n. 25, p. 105-110, 2000.

DOR, J. *O pai e sua função em psicanálise*. Rio de Janeiro: Jorge Zahar, 1991.

———. *Estruturas e clínica psicanalítica*. Rio de Janeiro: Taurus-Timbre, 1991.

DOREY, R. Problemática obsessiva e problemática perversa: parentesco e divergências. In: BRUSSET, B.; COUVREUR, C. (Orgs.). *A neurose obsessiva*. São Paulo: Escuta, 2003.

DURAS, M. *A doença da morte*. Rio de Janeiro: Taurus, 1984.

FÉDIDA, P. Introdução a uma metapsicologia da contratransferência. *Revista Brasileira de Psicanálise*, v. 20, p. 613-629, 1986.

———. *Clínica psicanalítica*: estudos. São Paulo: Escuta, 1988.

———. A doença sexual: a intolerável invasão. In: *Nome, figura e memória: a linguagem na situação analítica*. São Paulo: Escuta, 1991.

———. Um órgão psíquico hipocondríaco. Tratamento psíquico autocrático. In: BRUSSET, B.; COUVREUR, C. (Orgs.). *A neurose obsessiva*. São Paulo: Escuta, 2003.

FERENCZI, S. (1923) O sonho do bebê sábio. In: BIRMAN, J. (Org.). *Escritos psicanalíticos: 1909-1933*. Rio de Janeiro: Tauru-Timbre, 1988.

———. (1931) Análise de crianças com adultos. *Op. cit.*

———. (1932) Confusão de línguas entre os adultos e a criança. *Op. cit.*

FOUCAULT, M. (1961) *História da loucura na idade clássica*. São Paulo: Perspectiva, 1978.

FREUD, S. (1894) As neuropsicoses de defesa. In *Edição Standard Brasileira das Obras Psicológicas Completas*. Rio de Janeiro: Imago, 1977. v. 3.

———. (1895) Obsessões e fobias: seu mecanismo psíquico e sua etiologia. *Op. cit.*, v. 3.

———. (1896) Novos comentários sobre as neuropsicoses de defesa. *Op. cit.*, v. 3.

———. (1900) A interpretação dos sonhos. *Op. cit.*, v. 4-5.

———. (1905) Três ensaios sobre a teoria da sexualidade. *Op. cit.*, v. 7.

———. (1907) Atos obsessivos e práticas religiosas. *Op. cit.*, v. 9.

———. (1908) Caráter e erotismo anal. *Op. cit.*, v. 9.

———. (1909) Notas sobre um caso de neurose obsessiva. *Op. cit.*, v. 10.

———. (1910) Uma recordação de infância de Leonardo da Vinci. In: *Obras completas de Sigmund Freud*. Rio de Janeiro: Delta, 1958. v. 7.

———. (1913a) O tema da escolha do cofrezinho. *Op. cit.*, v. 7.

———. (1913b) Totem e tabu. In: *Edição Standard Brasileira das Obras Psicológicas Completas*. Rio de Janeiro: Imago, 1977. v. 13.

———. (1913c) A disposição à neurose obsessiva. *Op. cit.*, v. 12.

———. (1915) Os instintos e suas vicissitudes. *Op. cit.*, v. 14

———. (1917a) Luto e melancolia. *Op. cit.*, v. 14.

———. (1917b) Conferências introdutórias sobre psicanálise (Conferência XVII: O sentido dos sintomas). *Op. cit.*, v. 16.

———. (1917c) As transformações do instinto exemplificadas no erotismo anal. *Op. cit.*, v. 17.

———. (1917d) Uma lembrança infantil de Goethe em "Poesia e Verdade". In: *Obras completas de Sigmund Freud*. Rio de Janeiro: Delta, 1959. v. 7.

———. (1918-[1914]) História de uma neurose infantil. In: *Edição Standard Brasileira das Obras Psicológicas Completas*. Rio de Janeiro: Imago, 1977. v. 17.

———. (1919a) O estranho. *Op. cit.*, v. 17.

———. (1919b) Uma criança é espancada: uma contribuição ao estudo da origem das perversões sexuais. *Op. cit.*, v. 17.

———. (1923) O ego e o id. *Op. cit.*, v. 19.

———. (1924) O problema econômico do masoquismo. *Op. cit.*, v. 19.

———. (1925) A negativa. *Op. cit.*, v. 19.

———. (1926) Inibições, sintoma e ansiedade. *Op. cit.*, v. 20.

———. (1939) Moisés e o monoteísmo. *Op. cit.*, v. 23.

———. *Neuroses de transferência*: uma síntese. Rio de Janeiro: Imago, 1987. Organizado por Ilse Grubrich.

FUKS, M. P. Algo que estava oculto tem vindo à luz. In: ALONSO, S. L.; LEAL, A. M. S. (Orgs.). *Freud*: um ciclo de leituras. São Paulo: Escuta, 1997.

GAZZOLA, L. R. *Estratégias na neurose obsessiva*. Rio de Janeiro: Jorge Zahar, 2002.

GEREZ-AMBERTÍN, M. *Imperativos del superyó*: testimonios clínicos. Buenos Aires: Lugar Editorial, 1999.

———. *As vozes do supereu na clínica psicanalítica e no mal-estar na civilização*. São Paulo: Cultura & Educs, 2003.

GORI, R. *Lógica das paixões*. Rio de Janeiro: Companhia de Freud, 2004.

GREEN, A. (1965) Metapsicología de la neurosis obsesiva. In: SAURÍ, J. J. (Org.). *Las obsesiones*. Buenos Aires: Nueva Visión, 1983.

———. *Narcisismo de vida, narcisismo de morte*. São Paulo: Escuta, 1988.

GURFINKEL, D. Ódio e inação: o negativo na neurose obsessiva. In: BERLINCK, M. T. (Org.). *Obsessiva neurose*. São Paulo: Escuta, 2005.

JONES, E. (1918) Traços do caráter anal-erótico. In: BERLINCK, M. T. (Org.). *Obsessiva neurose*. São Paulo: Escuta, 2005.

KEHL, M. R. Blefe! *Revista da Associação Psicanalítica de Porto Alegre*, n. 17, p. 79-82, 1999.

KRISTEVA, J. O obsessivo e sua mãe. In: *As novas doenças da alma*. Rio de Janeiro: Rocco, 2002.

KUNDERA, M. *A valsa dos adeuses*. Rio de Janeiro: Nova Fronteira, 1989.

LACAN, J. (1948) A agressividade em psicanálise. In: *Escritos*. Rio de Janeiro: Jorge Zahar, 1998.

———. (1949) O estádio do espelho como formador da função do eu. *Op. cit.*

———. (1954-1955) *O seminário, livro 2:* o eu na teoria de Freud e na técnica da psicanálise. Rio de Janeiro: Jorge Zahar, 1987.

———. (1956-1957) *O seminário, livro 4:* a relação do objeto. Rio de Janeiro: Jorge Zahar, 1995.

———. (1957-1958) *O seminário, livro 5:* as formações do inconsciente. Rio de Janeiro: Jorge Zahar, 1999.

———. (1958-1959) *O seminário, livro 6:* o desejo e sua interpretação. Porto Alegre: APPOA, 2002.

———. (1960-1961) *O seminário, livro 8:* a transferência. Rio de Janeiro: Jorge Zahar, 1992.

LACHAUD, D. *El infierno del deber*: el discurso del obsesivo. Barcelona: Serbal, 1998.

LAPLANCHE, J. *La sexualidad*. Buenos Aires: Nueva Visión, 1984.

———. *Vida e morte em psicanálise*. Porto Alegre: Artes Médicas, 1985.

———. *Problemáticas I*: a angústia. São Paulo: Martins Fontes, 1987.

LAPLANCHE, J.; PONTALIS, J. B. (1967) *Vocabulário da psicanálise*. São Paulo: Martins Fontes, 1986.

LECLAIRE, S. (1958) A função imaginária da dúvida na neurose obsessiva. In: *Escritos clínicos*. Rio de Janeiro: Jorge Zahar, 2001.

———. *Desmascarar o real*. Lisboa: Assírio e Alvim, 1977a.

———. (1975) *Mata-se uma criança*: um estudo sobre o narcisismo primário e a pulsão de morte. Rio de Janeiro: Zahar, 1977b.

MACHADO DE ASSIS, J. M. O espelho: esboço de uma nova teoria da alma humana. In: *Machado de Assis*: os melhores contos. São Paulo: Global, 1997.

MANNONI, O. El Hombre de las Ratas. In: MASOTTA, O.; JINKIS, J. (Orgs.). *Los casos de Sigmund Freud:* el Hombre de las Ratas. Buenos Aires: Nueva Visión, 1986.

———. Jogo do gato: o desejo de morte nas mães. In: *Um espanto tão intenso.* Rio de Janeiro: Campus, 1992.

MASSON, J. M. (Ed.). *A correspondência completa de Sigmund Freud para Wilhelm Fliess (1887-1904).* Rio de Janeiro: Imago, 1986.

MAZZUCA, R. et al. *Curso de psicopatología V:* neurosis obsesiva. Buenos Aires: Tekné, 1987.

MELMAN, C. *A neurose obsessiva.* Rio de Janeiro: Companhia de Freud, 2004.

MENEZES, L. C. O Homem dos Ratos e o lugar do Pai. In: *Fundamentos de uma clínica freudiana.* São Paulo: Casa do Psicólogo, 2001.

———. O ódio e a destrutividade na metapsicologia freudiana. *Op. cit.*

MEZAN, R. *Escrever a clínica.* São Paulo: Casa do Psicólogo, 1998.

PEREIRA, M. E. C. Psicanálise e psicofarmacologia: novas questões de um debate atual. *Boletim de Novidades Pulsional,* v. 10, n. 99, p. 22-32, 1997.

PERES, U. T. Por que a culpa? In: ———. (Org.). *Culpa.* São Paulo: Escuta, 2001.

———. Notas sobre a neurose obsessiva em Freud e Lacan. In: BERLINCK, M. T. (Org.). *Obsessiva neurose.* São Paulo: Escuta, 2005.

PEWZNER, E. *El hombre culpable:* la locura y la falta en occidente. Guadalajara: Universidad de Guadalajara & Fondo de Cultura Econômica, 1999.

POE, E. A. (1835). Berenice In: *Ficção completa, poesia e ensaios.* Rio de Janeiro: Nova Aguilar, 1981.

POMMIER, G. *Do bom uso erótico da cólera e algumas de suas consequências...* Rio de Janeiro: Jorge Zahar, 1996.

PONTALIS, J. B. A partir de la contratransferência: lo muerto y lo vivo entrelazados. In: *Entre el sueño y el dolor.* Buenos Aires: Editorial Sudamericana, 1978.

———. *A força de atração.* Rio de Janeiro: Jorge Zahar, 1991a.

———. *Perder de vista.* Rio de Janeiro: Jorge Zahar, 1991b.

———. Entrevista com J.B. Pontalis. *Jornal de Psicanálise,* v. 35 p. 64/ 65, p/ 29-47, 2002.

RANK, O. (1925) *El doble*. Buenos Aires: Orión, 1976.

ROUDINESCO, E. *Por que a psicanálise?* Rio de Janeiro: Jorge Zahar, 2000.

———. *A família em desordem.* Rio de Janeiro: Jorge Zahar, 2003.

SÓFOCLES (496? – 406 a.C.) *Édipo Rei.* São Paulo: Abril Cultural, 1976.

STEIN, C. *As Erínias de uma mãe:* ensaio sobre o ódio. São Paulo: Escuta, 1998.

TELLES, V. S. Mecanismos de defesa na neurose obsessiva: formação reativa, anulação e isolamento. In: BERLINCK, M. T. (Org.). *Obsessiva neurose.* São Paulo: Escuta, 2005.

WILDE, O. *O retrato de Dorian Gray.* Rio de Janeiro: BUP, 1965.

WINNICOTT, D. W. (1947) O ódio na contratransferência. In: *Textos selecionados:* da pediatria à psicanálise. Rio de Janeiro: Francisco Alves, 1988.

# Coleção Clínica Psicanalítica
Artesã Editora –Títulos publicados

**A cena hospitalar: psicologia médica e psicanálise**
Alfredo Simonetti

**Adicções**
Decio Gurfinkel

**Adoção**
Gina Khafif Levinzon

**Adolescência**
Tiago Corbisier Matheus

**Autorização e angústia de influência em Winnicott**
Wilson Franco

**Borderline**
Mauro Hegenberg

**Cena incestuosa**
Renata Udler Cromberg

**Clinicar na atualidade**
Vera Lúcia Silva Prazeres

**Complexo de Édipo hoje?**
Nora B. Susmanscky de Miguelez

**Corpo** – Em breve
Maria Helena Fernandes

**Entrevistas preliminares em psicanálise** – Em breve
Fernando Rocha

**Estresse**
Maria Auxiliadora de A. C. Arantes, Maria José Femenias Vieira

**Histeria**
Silvia Leonor Alonso, Mario Pablo Fuks

**Narcisismo e vínculos**
Lucía Barbero Fuks

**Neurose obsessiva**
Rubia Delorenzo

**Orientação profissional**
Maria Stella Sampaio Leite

**Paranoia**
Renata Udler Cromberg

**Psicanálise da família**
Belinda Mandelbaum

**Psicopatia**
Sidney Kiyoshi Shine

**Psicoterapia breve psicanalítica**
Mauro Hegenberg

**Psicoterapia breve psicanalítica de casal**
Mauro Hegenberg

**Trabalho do negativo**
Vera Lamanno-Adamo

**Transexualidades**
2ª edição – Em breve
Paulo Roberto Ceccarelli

**Transtornos de pânico**
Luciana Oliveira dos Santos

**Violência** – Em breve
Maria Laurinda Ribeiro de Souza

**Violência e masculinidade** – Em breve
Susana Muszkat

# Coleção Clínica Psicanalítica
Casa do Psicólogo/Pearson – Titulos publicados

**Acompanhamento terapêutico**
Maurício Porto

**Acontecimento e linguagem**
Alcimar Alves de Souza Lima

**Amor e fidelidade**
Gisela Haddad

**Anomia**
Marilucia Melo Meireles

**Autismo**
Ana Elizabeth Cavalcanti, Paulina Schmidtbauer Rocha

**Autorização e angústia de influência em Winnicott**
Wilson Franco

**Cidade e subjetividade**
Flávio Carvalho Ferraz

**Clínica da exclusão**
Maria Cristina Poli

**Clínica do continente**
Beatriz Chacur Mano

**Clínica do trabalho**
Soraya Rodrigues Martins

**Consultas terapêuticas**
Maria Ivone Accioly Lins

**Crise pseudoepiléptica**
Berta Hoffmann Azevedo

**Crítica à normalização da psicanálise**
Mara Caffé

**Demências**
Delia Catullo Goldfarb

**Depressão**
Daniel Delouya

**Desafios para a técnica psicanalítica**
José Carlos Garcia

**Desamparo**
Lucianne Sant'Anna de Menezes

**Disfunções sexuais**
Cassandra Pereira França

**Distúrbios do sono**
Nayra Cesaro Penha Ganhito

**Ecos da clínica**
Isabel Mainetti de Vilutis

**Emergências psiquiátricas**
Alexandra Sterian

**Ensaios psicanalíticos**
Flávio Carvalho Ferraz

**Entrevistas preliminares em psicanálise**
Fernando Rocha

**Epistemopatia**
Daniel Delouya

**Escritos metapsicológicos e clínicos**
Ana Maria Sigal

**Esquizofrenia**
Alexandra Sterian

**Fairbairn**
Teo Weingrill Araujo

**Ferenczi**
Teresa Pinheiro

**Hipocondria**
Rubens Marcelo Volich

**Idealcoolismo**
Antonio Alves Xavier, Emir Tomazelli

**Imitação**
Paulo de Carvalho Ribeiro e colaboradores

**Incestualidade**
Sonia Thorstensen

**Inconsciente social**
Carla Penna

**Infertilidade e reprodução assistida**
Marina Ribeiro

**Linguagens e pensamento**
Nelson da Silva Junior

**Morte**
Maria Elisa Pessoa Labaki

**Neuroses atuais e patologias da atualidade**
Paulo Ritter

**Neurose traumática**
Myriam Uchitel

**Normopatia**
Flávio Carvalho Ferraz

**O tempo, a escuta, o feminino**
Silvia Leonor Alonso

**Perversão**
Flávio Carvalho Ferraz

**Pós-análise**
Yeda Alcide Saigh

**Problemas de linguagem**
Maria Laura Wey Märtz

**Problemáticas da identidade sexual**
José Carlos Garcia

**Psicanálise e educação**
Maria Regina Maciel

**Psicanálise e música**
Maria de Fátima Vicente

**Psicoterapia de casal**
Purificacion Barcia Gomes, Ieda Porchat

**Saúde do trabalhador**
Carla Júlia Segre Faiman

**Sintoma**
Maria Cristina Ocariz

**Sublimação e** *unheimliche*
Alessandra Martins Parente

**Tatuagem e marcas corporais**
Ana Costa

**Tempo e ato na perversão**
Flávio Carvalho Ferraz

**Término de análise**
Yeda Alcide Saigh

**Tortura**
Maria Auxiliadora de Almeida Cunha Arantes

**Trama do olhar**
Edilene Freire de Queiroz

**Transexualidades**
Paulo Roberto Ceccarelli

**Transtornos alimentares**
Maria Helena Fernandes

**Transtornos da excreção**
Marcia Porto Ferreira

**Vertentes da psicanálise**
Maria Laurinda Ribeiro de Souza

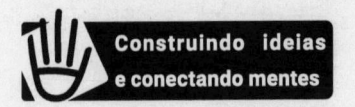

Este livro foi composto com tipografia Bembo
e impresso em Pólen Soft 80g.